Steuerberater Martin Meißner

Grundlagen der Einkommens-
besteuerung von Privatpersonen

Ein Einblick in das deutsche Steuerrecht I

Bibliografische Information der Deutschen Nationalbibliothek:
Die Deutsche Nationalbibliothek verzeichnet diese Publikation in
der Deutschen Nationalbibliografie; detaillierte bibliografische
Daten sind im Internet über http://dnb.dnb.de abrufbar.

Inhalt: Martin Meißner (Steuerberater)
Cover und Design: Frederike von der Osten

Herstellung und Verlag: BoD – Books on Demand, Nor-
derstedt

ISBN: 978-3-7504-9283-7

Inhaltsverzeichnis

Vorwort – Die Idee dieses Buches

Als Diplom-Finanzwirt (FH) und Steuerberater hatte ich die Möglichkeit mich jahrelang mit dem deutschen Steuerrecht zu befassen und arbeite täglich damit.

In zahlreichen Gesprächen mit den verschiedensten Personen aus unterschiedlichen Bereichen ist mir jedoch bewusst geworden wieviel Halbwissen oder völlig falsche Gerüchte kursieren. Daher habe ich mich dazu entschlossen einen Teil meines Wissens als Überblick weiterzugeben.

Nach der Lektüre dieses Buches wird der Leser ein grundlegendes Verständnis über das deutsche Einkommensteuerrecht haben, soweit es natürliche Personen betrifft, die keine Gewinneinkünfte erzielen. Auch den Bereich der Immobilien (Vermietung und Verpachtung sowie Sonderabschreibungen) lasse ich hier für die Grundlagen weg.

Also umfasst dieses Buch einen zumindest kleinen Teilbereich des Steuerrechts, der jedoch die Mehrheit der Bevölkerung betrifft. Der Leser soll ferner in der Lage sein, künftig Halbwissen und Fehlinformationen zu erkennen sowie für sich selbst abschätzen zu können, wann er Sachverhalte dem Finanzamt melden sollte bzw. wann steuerliche Beratung im Einzelfall notwendig sein kann. Gedacht ist dieses Werk also für den normalen Arbeitnehmer, Student, Rentner und ähnliche Nichtunternehmer.

Es bleibt festzuhalten, dass dieses Werk lediglich einen allgemeinen und grundlegenden Einblick gibt. Aufgrund einer Vielzahl von Ausnahmen, Rückausnahmen und Ausnahmen von den Rückausnahmen in unserem Rechtssystem kommt es immer auf die individuellen Umstände des Einzelfalls an. Dieses Werk ist daher nicht als abschließende steuerliche Beratung zu betrachten und spiegelt nur den Rechtsstand zum Zeitpunkt der Erstellung wider. Eine steuerliche Beratung wird hierdurch weder gegeben noch ersetzt.

Ein entsprechender Überblick im gleichen Stil über die deutsche Einkommensbesteuerung für natürliche Personen, die Gewinneinkünfte erzielen, sowie Personen- und Kapitalgesellschaften, Besonderheiten bei Vermietung und Verpachtung inkl. Sonderabschreibungsmöglichkeiten von Immobilen sowie umsatzsteuerliche und erbschaftsteuerliche Themen sind weiteren Büchern und Aufsätzen vorbehalten. Einen kompletten Überblick zu liefern, würde den geplanten Rahmen sprengen. Außerdem glaube ich einen Mehrwert nur dann bieten zu können, wenn ich ein kleines Werk liefere, welches jedoch besser auf den jeweiligen Leser zugeschnitten ist.

Es gibt das Gerücht, dass mehr als 80% der Fachliteratur zum Steuerrecht auf Deutsch ist. Ob dies stimmt oder nicht, vermag ich nicht zu beurteilen, jedoch gibt es in der Tat eine derartige Vielzahl unterschiedlicher Kommentarliteratur, Verwaltungsanweisungen und Sammlungen von Gerichtsurteilen, dass allein die vollständige Auflistung ein ganzes Buch füllen könnte. Um dieses Werk jedoch für die meisten Leser verständlich zu halten, werde ich auf die Wiedergabe von Kommentaren verzichten und die Zitierung von Gerichtsurteilen und Verwaltungsanweisungen auf ein Minimum beschränken. In diesem Buch wird daher maßgeblich der Gesetzestext des Einkommensteuergesetztes (Stand 2020) erläutert, zusammengefasst und in eine verständliche Reihenfolge gebracht. Ein Verzicht auf Fachjargon halte ich zum größeren Verständnis allerdings für nicht zweckmäßig.

Zum besseren Verständnis finden Sie am Ende vieler Kapitel / Unterkapitel eine kurze Zusammenfassung.

1. Die persönliche Steuerpflicht

1.1. Unbeschränkte Steuerpflicht

Natürliche Personen, die im Inland einen Wohnsitz oder ihren gewöhnlichen Aufenthalt haben, sind unbeschränkt einkommensteuerpflichtig.[1]

Mit diesem Satz wird das Einkommensteuergesetz eingeleitet und es bedarf bereits nach dem ersten Satz der genaueren Definition von vier Tatbestandsmerkmalen und der Rechtsfolge. Zu klären sind, was eine natürliche Person ist, welches Gebiet das Inland umfasst, wodurch ein Wohnsitz definiert, wird bzw. was den gewöhnlichen Aufenthalt ausmacht.

Eine natürliche Person ist gemäß dem § 1 BGB jeder Mensch ab der Vollendung der Geburt. Dies bedeutet, dass jeder Mensch – mit Wohnsitz / gewöhnlichem Aufenthalt – vom ersten Tage seines Lebens an der Einkommensteuer unterliegt. Das Steuerrecht ist in diesem Punkt gerecht und unterscheidet nicht nach Alter, Geschlecht, Herkunft, Religion, Staatsangehörigkeit usw.

Inland wird nachstehend im Gesetz weitergehend erläutert. Für das weitere Verständnis ist im Grund-

---

[1] § 1 Abs. 1 Satz 1 EStG.

satz nur zu merken, dass damit das Hoheitsgebiet der Bundesrepublik Deutschland gemeint ist inklusive der Bereiche von Nord- und Ostsee bis zu einer Entfernung von ca. 150km zum Festland.

Wer die Definition des Wohnsitzes im § 7 BGB gefunden zu haben glaubt, der unterschätzt den Regelungsbedarf des Gesetzgebers. Die für das Einkommensteuergesetz maßgebliche Definition befindet sich im § 8 der Abgabenordnung – des steuerlichen Rahmengesetzes und „Bibel" der Finanzbeamten. Demnach hat jemand dort einen Wohnsitz, wo er eine Wohnung derart unterhält, dass die Umstände darauf schließen lassen, dass er diese beibehalten und benutzen wird.[2] Der Begriff der Wohnung ist nur dann erfüllt, wenn diese das ganze Jahr über genutzt werden kann, d.h. neben 4 Wänden und einer Tür muss ein Anschluss für fließendes Wasser und Strom sowie eine Heizmöglichkeit vorhanden sein. Eine minimale Größe ist hierbei nicht vorgegeben. Dies bedeutet, dass ein Zelt oder eine Ferienwohnung ohne Ofen / Heizung noch keine Wohnung im Sinne des Gesetzes darstellt. Ein WG-Zimmer ist jedoch bereits ausreichend, da Küche und Bad mitverwendet werden können. Eine Benutzung muss möglich sein, sodass trotz Wohnung kein Wohnsitz vorliegt, wenn diese dauerhaft vermietet ist oder aufgrund rechtlicher Bestimmungen nicht bewohnt werden darf.

---

[2] § 8 AO.

Wer nun auf die Idee kommt dem deutschen Fiskus entkommen zu wollen, indem er seine Wohnung offiziell an einen guten Freund vermietet und diese tatsächlich selbst nutzt, den holt allerdings der nachfolgend erläuterte gewöhnliche Aufenthalt ein. Selbst ohne Wohnsitz kann jemand der unbeschränkten Einkommensteuerpflicht unterliegen, wenn dieser sich für gewöhnlich im Inland aufhält.

Dies gilt immer dann, wenn der Aufenthalt im Inland mehr als sechs Monate zusammenhängend anhält, jedoch ausnahmsweise nicht, wenn dieser Aufenthalt ausschließlich Urlaubszwecken oder der Kur dient[3].

Entsprechend hat jeder, der in Deutschland lebt — Säuglinge, Schüler, Erwachsene, die bei ihren Eltern wohnen usw. seinen gewöhnlichen Aufenthalt in Deutschland und unterliegt damit der unbeschränkten Steuerpflicht. Kurze Unterbrechungen des Aufenthalts z.B. durch den Urlaub in Spanien oder wo auch immer ändert nichts an dieser Einordnung. Also reicht es leider nicht zwei Mal im Jahr Urlaub zu machen, um dem deutschen Fiskus zu entkommen.

Neben diesen Punkten gibt es noch Sondertatbestände, die zur unbeschränkten Einkommensteuerpflicht führen z.B. für Diplomaten oder sonstige Staatsdiener mit Wohnsitz / gewöhnlichen Aufenthalt außerhalb des Inlandes.

---

[3] § 9 AO.

Und schlussendlich besteht die Möglichkeit sich freiwillig der unbeschränkten Einkommensteuerpflicht des deutschen Fiskus zu unterwerfen, sofern nahezu ausschließlich inländische Einkünfte (dazu später mehr) erzielt werden. Dies kann in einzelnen Fällen sinnvoll sein, um u.a. in den Genuss des Grundfreibetrages und der Sonderausgabenabzüge zu kommen.

Ein Beispiel zum besseren Verständnis:
Ein Schiffskapitän, der 10 Monate im Jahr auf hoher See ist, auf einem Schiff, das nicht unter deutscher Flagge segelt, und in der restlichen Zeit z.B. in einer Pension/Hotel oder bei seiner Lebensgefährtin wohnt verfügt weder über eine Wohnung, noch hat er seinen gewöhnlichen Aufenthalt in Deutschland, sodass er im Ergebnis nicht unbeschränkt einkommensteuerpflichtig ist.

Die Folge der unbeschränkten Einkommensteuerpflicht ist, dass das gesamte Welteinkommen der deutschen Einkommensteuer unterliegt. Es spielt dann keine Rolle mehr, ob Einnahmen aus der Vermietung einer spanischen Ferienimmobile oder aus einer Farm in Argentinien erzielt werden. Aus allen Einkünften will der deutsche Fiskus Steuern haben – soweit dem nicht internationale Beschränkungen wie z.B. Abkommen zur Vermeidung der Doppelbesteuerung ("Doppelbesteuerungsabkommen") entgegenstehen.

Jeder mit eigenem (nicht vermietetem) Wohneigentum oder mit einer gemieteten Wohnung im Hoheitsbereich der Bundesrepublik Deutschland hat einen Wohnsitz im Inland.

Wer einen Wohnsitz im Inland hat oder sich den größten Teil des Jahres in Deutschland aufhält, der unterliegt mit seinem Welteinkommen der unbeschränkten deutschen Einkommensteuerpflicht.

1.2. Beschränkte Steuerpflicht

Derjenige, der Mangels Wohnsitz oder gewöhnlichen Aufenthalt nicht in die unbeschränkte Steuerpflicht fällt, hat seine Einkünfte noch nicht vor dem Zugriff des deutschen Fiskus gesichert. Denn dann greift die beschränkte Steuerpflicht für inländische Einkünfte.[4] Der § 49 EStG enthält einen umfangreichen und abschließenden Katalog, wann welche Einkünfte im Inland erzielt werden.

Zusammenfassen lässt sich der Paragraf dahingehend, dass immer dann, wenn die Quelle der Einkünfteerzielung sich im Inland befindet, auch die daraus erzielten Einkünfte inländisch sind. Dies kann dann vorliegen, wenn sich die Betriebsstätte des Gewerbebetriebs im Inland befindet, die selbstständige Arbeit z.b. als Arzt oder die nichtselbstständige Tätigkeit als Arbeitnehmer dort ausgeübt wird, vermieteter oder verpachteter Grundbesitz im Hoheitsgebiet der Bundesrepublik Deutschland liegt oder selbst, wenn ein im Ausland Wohnhafter die Geschäftsführung einer Kapitalgesellschaft mit Sitz im Inland innehat. Auch fallen z.B. Zinsen aus einer Forderung, die mit inländischem Grundbesitz besichert sind, in die beschränkte deutsche Steuerpflicht.

---

[4] § 1 Abs. 4 EStG.

Die beschränkte Steuerpflicht hat zur Folge, dass nur diese inländischen Einkünfte in Deutschland zu versteuern sind, jedoch persönliche Begünstigungen wie z.b. der Grundfreibetrag, Sonderausgaben und außergewöhnliche Belastungen nicht in Anspruch genommen werden können.

So kann es passieren, dass jemand mit beschränkter inländischer Steuerpflicht auf die gleichen Einkünfte mehr Steuern zu zahlen hat als ein unbeschränkt Steuerpflichtiger. Soweit EU-Bürger betroffen sind, gelten dahingehend weitere Ausnahmen und Möglichkeiten Begünstigungen in Anspruch zu nehmen. An dieser Stelle sei jedoch nur auf die grundsätzliche Möglichkeit hingewiesen, ohne dies detailliert zu erläutern.

Wer in Deutschland beschränkt einkommensteuerpflichtig ist, unterliegt für gewöhnlich in einem anderen Land der unbeschränkten Steuerpflicht. Je nach Ausgestaltung des jeweiligen Steuerrechts und internationaler Abkommen, können die deutschen Einkünfte dort steuerfrei gestellt werden oder eine in Deutschland gezahlte Steuer angerechnet werden. Angesichts der im internationalen Vergleich teilweise recht hohen deutschen Steuern, kann es dennoch zu einem Überhang von deutscher Steuerbelastung kommen. Die unterschiedliche Behandlung von sogenannten Inbound- und Outbound-Fällen wird im Kapitel sieben vertieft.

Unabhängig von der Steuerpflicht einer anderen Nation besteuert der deutsche Fiskus alle Einkünfte, die im Inland erzielt werden bzw. dort ihre Quelle haben.

2. Die Einordnung der Einkunftsarten

2.1. Gewinneinkünfte

Grundsätzlich unterscheidet das deutsche Steuerrecht zwei große Klassen von Einkünften. Die erste davon sind die sogenannten Gewinneinkünfte. Darunter fallen Einkünfte aus Gewerbebetrieb, Einkünfte aus Land- und Forstwirtschaft sowie Einkünfte aus selbstständiger Tätigkeit[5]. Aufgrund der eigenen Komplexität hinsichtlich der Gewinnermittlung, Buchführungspflichten sowie Bewertungsthemen werden diese Einkünfte hier nicht detailliert dargestellt, sondern lediglich ein Teil der Unterschiede zu den Überschusseinkünften dargelegt.

Die Bezeichnung der Einkünfte resultiert aus der Formulierung des Gesetzes wonach die Einkünfte aus den o.g. Quellen der Gewinn ist.

Bezeichnend an diesen Einkünften ist, dass die Tätigkeit in jeden Fall selbstständig (im Unterschied zur nichtselbstständigen Tätigkeit siehe Kapitel drei), nachhaltig, mit Gewinnerzielungsabsicht und unter Teilnahme am allgemeinen wirtschaftlichen Verkehr (für jedermann angeboten) ausgeübt wird. [6]Darüber

---

[5] § 2 Abs. 2 Satz 1 Nr. 1 EStG.
[6] § 15 Abs. 2 Satz EStG.

hinaus existiert das ungeschriebene Tatbestandsmerkmal wonach die Grenze der reinen Vermögensverwaltung nicht überschritten sein darf. Sind diese Voraussetzungen nicht erfüllt, dann sind diese Tätigkeiten / Einkünfte entweder den Überschusseinkünften zuzuordnen oder diese sind nicht einkommensteuerbar.

Hierunter fallen alle Arten von Händlern, produzierenden Unternehmen sowie Ärzte, Steuerberater, Wirtschaftsprüfer (Freiberufler), sofern diese ihre Tätigkeit nicht im Rahmen eines Angestelltenverhältnisses (siehe Kapitel drei) ausüben. Beispielsweise fällt auch der freie Schriftsteller hierunter.

Ob z.B. ein Flaschensammler Einkünfte aus Gewerbebetrieb oder sonstige Einkünfte erzielt, hängt von dem Umfang und der Ausstattung ab. Wer nur ab und an beim Vorbeilaufen einsammelt unterhält wohl keinen Gewerbebetrieb. Wer aber gezielt zu Festivals, Konzerten oder ähnlichem fährt und dafür einen Transporter anmietet oder kauft und hierdurch pro Veranstaltung schnell mehrere hundert Euro verdient, der ist wahrscheinlich schon eher als Gewerbetreibender einzuordnen.

Für Tätigkeiten die selbstständig, nachhaltig, mit Gewinnerzielungsabsicht, unter Teilnahme am allgemeinen wirtschaftlichen Verkehr ausgeübt werden und dabei die Grenz einer bloßen Vermögensverwaltung nicht überschritten wird unterliegt der daraus erzielte Gewinn der Einkommensteuer.

2.2. Überschusseinkünfte

2.2.1. Einordnung

Neben den Gewinneinkünften sind die sogenannten Überschusseinkünfte die zweite große Klasse von Einkünften. Hierunter fallen laut Gesetz alle anderen Einkunftsarten, d.h. solche Einkünfte aus nichtselbstständiger Arbeit, aus Kapitalvermögen, aus Vermietung und Verpachtung und der große Bereich der sonstigen Einkünfte wie z.B. Renten und private Veräußerungsgeschäfte. [7]
Die Bezeichnung resultiert aus der Berechnung der Einkünfte als Überschuss der Einnahmen über die Werbungskosten.
Eine Ausnahme bei der Berechnung der Überschusseinkünfte bilden diese aus Kapitalvermögen, auf die im Kapitel vier näher eingegangen wird.

Entscheidend ist, dass bei jeder diese Einkunftsarten mindestens eine Voraussetzung der Gewinneinkünfte nicht vorliegt. Bei der nichtselbstständigen Arbeit scheitert es an der Selbstständigkeit (wie der Name schon sagt). Die Einkünfte aus Vermietung und Verpachtung sowie aus Kapitalvermögen überschreiten die Grenze der bloßen Vermögensverwaltung nicht. Bei den sonstigen Einkünften kommt es auf die genauere Zuordnung an.

---

[7] § 2 Abs. 2 Satz 1 Nr. 2 EStG.

2.2.2. Einnahmen

Gemäß der Definition des Gesetzes sind Einnahmen alles was in Geld oder Geldeswert (Waren und sonstige Güter, Dienstleistungen) im Rahmen einer Einkunftsart zufließt.[8]

Die Einordung mag bei dem monatlichen Arbeitslohn eines Arbeitnehmers oder der erhaltenen Miete noch einfach sein.

Schwieriger ist jedoch z.B. die Frage, ob Speisen und Getränke im Rahmen einer Aktionärsversammlung auch zu den Einnahmen aus Kapitalvermögen zählen oder ob die vom Arbeitgeber überlassenen Arbeitsschuhe zu Einnahmen führen. Dies hängt vom Einzelfall und vielen Faktoren ab.

Gegenleistungen in Geld sind nicht zu bewerten, da 100 € auch 100 € im steuerlichen Sinne sind. Sofern jedoch Leistungen bezogen werden, die gerade nicht in Geld bestehen so sind diese nach den „um übliche Preisnachlässe geminderten üblichen Endpreisen am Abgabeort" anzusetzen.[9] Dies bedeutet nichts anderes als der Preis, den man dafür auch im Laden bzw. beim Händler (in der gleichen Region) dafür bezahlen würde. Im Ergebnis meint dies, dass es wertmäßig für die Berechnung der Steuer egal ist, ob als Gegenleis-

---

[8] § 8 Abs. 1 EStG.
[9] § 8 Abs. 2 Satz 1 EStG.

tung Geld oder eine Ware bzw. Dienstleistung hingegeben wird.

Auf Besonderheiten im Zusammenhang mit dem Arbeitslohn wird im Kapitel 3 näher eingegangen.

Eine Einnahme gilt in dem Kalenderjahr bezogen, in dem diese tatsächliche zufließt,[10] d.h. sobald diese auf dem Bankkonto eingeht bzw. übergeben wurde. Entsprechend muss diese in dem Kalenderjahr des Zuflusses auch der Einkommensteuer unterworfen werden.

Von diesem Grundsatz ausgenommen sind Zahlungen, die regelmäßig (i.d.R. mehrmals im Jahr) zufließen und bis zum 10. Januar des Jahres gezahlt werden, das dem Jahr, in das diese Einnahmen wirtschaftlich gehören nachfolgt. [11]Erhält jemand für die Überlassung eines Darlehens monatlich Zinszahlungen und erfolgt die Zahlung der Zinsen für Dezember 2020 am 5. Januar 2021, so sind diese Zinsen noch im Jahr 2020 zu versteuern. Werden diese Zinsen jedoch erst am 11. Januar gezahlt, so sind diese im Jahr 2021 zu versteuern. Auch hier gibt es eine Ausnahme für den Zufluss von Arbeitslohn (siehe Kapitel drei).
Wird die Mietzahlung für Januar 2020 am 3. Januar 2020 gezahlt, so fällt diese weiterhin in das Jahr 2020

---

[10] § 11 Abs. 1 Satz 1 EStG.
[11] § 11 Abs. 1 Satz 2 EStG i. V. m. H 11 „Allgemeines – Kurze Zeit" EStH; BFH-Urteil vom 24. Juli 1986.

(nicht 2019), weil es auch diesem Jahr wirtschaftlich zuzurechnen ist.

Eine weitere Ausnahme vom Grundsatz ist ein Wahlrecht, d.h. dieses kann oder kann auch nicht in Anspruch genommen werden. Wenn Einnahmen für eine Nutzungsüberlassung von mehr als fünf Jahren (z.B. Pachtvorauszahlung für zehn Jahre) geleistet werden, so kann der Zufluss (und damit die Versteuerung) auch auf diesen Zeitraum aufgeteilt werden.[12]
Dies gilt jedoch nur für Einnahmen, die in der Zukunft liegen. Wird z.B. die Miete für vier Jahre nachgezahlt, so fließt diese in dem Jahr der Nachzahlung zu. Andererseits bedeutet dies auch, dass in den vorangegangenen Jahren Mangels Zufluss diese Miete auch nicht als Einnahme zu versteuern war.

Es kommt entsprechend nicht auf die Fälligkeit einer Leistung an, sondern auf den tatsächlichen Zufluss.
Auch hier gibt es wie üblich im deutschen Steuerrecht einige Ausnahmen z.B. im Bereich der Gesellschafter-Geschäftsführer (Verzicht auf Lohnauszahlung etc.), bei denen es auf das „darüber Verfügungen können" ankommt.

---

[12] § 11 Abs. 1 Satz 3 EStG i. V. m. § 11 Abs. 2 Satz 3 EStG.

Grundsätzlich gilt, dass alles was als Gegenleistung für eine Leistung (Arbeitskraft, Überlassung einer Wohnung, Überlassung von Kapital usw.) erhalten wird eine steuerbare Einnahme darstellen kann, wenn eine Zuordnung in eine der Einkunftsarten möglich ist. Zu versteuern ist diese regelmäßig in dem Jahr, in dem darüber verfügt werden kann, sofern keine Ausnahme greift (z.B. bei Zufluss einer regelmäßigen Einnahme kurz nach Ende des Kalenderjahres oder Zufluss einer Einnahme für mehrere Jahre).

2.2.3. Werbungskosten

Alle Aufwendungen, die erbracht werden zum Erwerb, zur Sicherung und zur Erhaltung von Einnahmen im vorab genannten Sinne (d.h. zu Überschusseinkünften) werden steuerlich unter den Begriff der Werbungskosten gefasst – nicht zu verwechseln mit Werbekosten.[13]

Der § 9 des EStG enthält neben der Klarstellung, dass auch Zinsen und öffentliche Abgaben zu den Werbungskosten gehören, genauere Vorschriften zu Fahrtkosten, Reisekosten usw. im Nachgang näher eingegangen wird.

Die Werbungskosten werden von den Einnahmen abgezogen zu deren Einkunftsart sie zählen. Dies bedeutet die Zinsen zur Finanzierung einer vermieteten Immobilie bei den Einkünften aus Vermietung und Verpachtung abzuziehen sind und Aufwendungen für die Reinigung von typischer Berufsbekleidung bei den Einkünften aus nichtselbstständiger Arbeit. Sofern einzelne Aufwendungen nicht eindeutig einer Einkunftsart zuzurechnen sind (z.B. für ein Arbeitszimmer, von dem aus neben der nichtselbstständigen Tätigkeit auch das Kapitalvermögen und die Mietobjekte verwaltet werden) ist eine Aufteilung vorzunehmen. Als Aufteilungsmaßstab kommt jeder sinn-

---

[13] § 9 Abs. 1 Satz 1 EStG.

volle und nachvollziehbare Maßstab in Betracht. Beim Beispiel des Arbeitszimmers wäre z.B. eine Aufteilung nach tatsächlichem Zeitaufwand möglich.

Keine Aufwendungen im Sinne des Gesetzes ist z.B. die Tilgung von Krediten, da es sich hierbei lediglich um private Vermögensumschichtungen handelt.

Keine Werbungskosten sind ferner z.B. die sogenannten allgemeinen Lebenserhaltungskosten[14] (eigene Verpflegung, Aufwendungen für den eigenen Haushalt) – sofern nicht Sondervorschriften wie z.B. bei doppelter Haushaltsführung oder Reisekosten greifen – oder z.B. jegliche Geldzahlungen mit Strafcharakter[15] (Bußgeld für zu schnelles Fahren, Ordnungsgelder etc.) auch wenn diese mit steuerpflichtigen Einnahmen im Zusammenhang stehen.

Der zeitliche Abzug von Aufwendungen ist analog dem Zufluss von Einnahmen geregelt. Dies bedeutet, dass die Werbungskosten dann zu berücksichtigen sind, wenn die tatsächlich gezahlt werden. Lediglich Aufwendungen, die für mehr als 5 Jahre im Voraus gezahlt werden (z.B. Zehn-Jahrespacht für ein landwirtschaftliches Grundstück, das im Anschluss zu einem höheren Betrag weiterverpachtet wird) sind auf den entsprechenden Zeitraum aufzuteilen.[16]

---

[14] § 12 Nr. 1 EStG.
[15] § 12 Nr. 4 EStG.
[16] § 11 Abs. 2 EStG.

Im Gesetz ist bereits eine Aufzählung von Werbungskosten genannt. An dieser Stelle werden die im Gesetz genannten Nummer zusammengefasst aufgeführt. Soweit nachfolgend teilweise von Arbeitnehmern gesprochen wird dient dies der leichteren Les-
barkeit und entspricht dem Vorgehenden des Gesetzgebers. Jedoch sind alle hier genannten Werbungskosten bei allen Überschusseinkünften zu berücksichtigen. Also auch der Vermieter, der eine Reise unter-
nimmt, um neue Objekte zu besichtigen oder sich um
Bestandsimmobilien zu kümmern kann diese Reisekosten inkl. Verpflegungsmehraufwendungen anset-
zen:

1. Schuldzinsen, dauernde Lasten und Rentenschulden (jeweils nur der Ertrags- bzw. Zinsanteil) wie
   Hypothekenzinsen zu vermieteten Immobilien.

2. Steuern vom Grundbesitz, sonstige öffentliche
   Abgaben und Versicherungsbeiträge, die sich auf
   Gegenstände und Grundstücke beziehen, die der
   Einnahmenerzielung diesen wie Grundsteuern
   und Gebäudeversicherungen bei Vermietungsob-
   jekten.

3. Beiträge zu Berufsständen und sonstigen Berufs-
   verbänden z.B. Gewerkschaftsbeiträge

4. Hierunter fallen die Aufwendungen für die Wege
   zur Arbeit (erste Tätigkeitsstätte). Gemeint ist
   damit der Arbeitsort, der regelmäßig aufgesucht
   wird. Jeder Arbeitnehmer kann dabei nur eine

erste Tätigkeitsstätte habe. Jeder weitere Arbeitsort gehört nicht zur ersten Tätigkeitsstätte, sodass hierfür Reisekosten anzusetzen sind. Der Arbeitsort kann beispielsweise im Falle eines Försters auch ein großes Arbeitsgebiet (Wald) umfassen.

Für jeden Entfernungskilometer zwischen der Wohnung und der ersten Tätigkeitsstätte (also einfache Entfernung) sind 0,30 € pro Kilometer und Arbeitstag pauschal zu berücksichtigen, und zwar unabhängig von der Art der Bewältigung der Strecke (zu Fuß, per Fahrrad, per Auto oder mit öffentlichen Verkehrsmitteln). Es gilt grundsätzlich die kürzeste Entfernung, außer es gibt eine offensichtlich verkehrsgünstigere Strecke (erhebliche Zeiteinsparung bei wenigen Kilometern mehr Strecke), die auch üblich genutzt wird. Übrigens sind mit der Pauschale sämtliche Kosten also auch z.b. Aufwendungen fürs Parken abgegolten. Soweit die Kosten für die Benutzung öffentlicher Verkehrsmittel höher sind, darf der höhere Betrag angesetzt werden.

Üblicherweise werden bei einer 5-Tage-Woche 230 Arbeitstage ohne Beanstandungen berücksichtigt. Wenn an mehr Tagen gearbeitet wurde, ist ein Nachweis über eine Aufstellung der Krankheits- und Urlaubstage (am besten mit Arbeitgeberbestätigung) möglich.

Für diese Aufwendungen gilt ein Höchstbetrag in Höhe von 4.500 €, jedoch nicht, wenn die Strecke mit einem Pkw zurückgelegt wurde (Höchstbetrag also bei Arbeitswegen zu Fuß oder mit dem

Fahrrad, der dann mehr als 65 Kilometer betragen sollte).

Die Pauschale von 0,30 € pro Kilometer gilt nicht bei Arbeitswegen per Flugzeug (Ansatz tatsächliche Flugkosten) oder bei steuerfreier Sammelbeförderung (keine Kosten).

Soweit Kosten steuerfrei ersetzt werden so sind die Werbungskosten entsprechend um diesen Betrag zu kürzen (da keine Belastung im Sinne des subjektiven Nettoprinzips besteht).[17]

4a. Sofern Fahrten beruflich veranlasst sind, jedoch nicht zur ersten Tätigkeitsstätte erfolgen, können diese Fahrten als Werbungskosten zur berücksichtigen sein. Hierfür sind grundsätzlich die tatsächlich entstandenen Kosten anzusetzen (Bahntickets, tatsächliche Kfz-Kosten). Allerdings gibt es auch hier die Möglichkeit pauschale Kosten pro gefahrenen Kilometer (Hin- und Rückfahrt) anzusetzen. Die jeweils aktuellen Pauschalen ergeben sich aus dem Bundesreisekostengesetz und sind z.B. für Pkw 0,30 € pro Kilometer und für Motorrad 0,20 € pro Kilometer.[18]

5. Auch sind die Kosten für eine sogenannte doppelte Haushaltsführung (teilweise) abziehbar. Hierzu gehören Fahrtkosten zur Familie (pauschal mit 0,30 € pro Kilometer einfache Entfernung für eine Fahrt pro Woche), die Unterkunftskosten (Miete

---

[17]§ 9 Abs. 1 Satz 3 Nr. 4 EStG i.V.m. § 9 Abs. 2 EStG.
[18]§ 9 Abs. 1 Satz 3 Nr. 4a EStG.

oder Abschreibungen und Nebenkosten jedoch maximal 1.000 € pro Monat), Kosten für Möbel in der Zweitwohnung und für die ersten drei Monate Verpflegungsmehraufwendungen (siehe unten).

Eine doppelte Haushaltsführung liegt dann vor, wenn eine Wohnung am Ort der ersten Tätigkeitsstätte nur aus beruflichen Gründen besteht und gleichzeitige ein weiterer Haushalt geführt wird, der Lebensmittelpunkt ist. Bei ledigen und kinderlosen Personen wird in der Regel davon ausgegangen, dass der Lebensmittelpunkt am Ort der ersten Tätigkeitsstätte liegt, jedoch kann diese Vermutung widerlegt werden (tiefe familiäre Bindungen, Pflege von Angehörigen, Vereinszugehörigkeit, wirtschaftliche Interessen usw.). Hier kommt es dann maßgeblich auf die Begründung an mit welcher die doppelte Haushaltsführung geltend gemacht wird.[19]

5a. Bei beruflich veranlasster Reisetätigkeit sind die Übernachtungskosten ebenfalls steuerlich abziehbar (soweit nicht durch den Arbeitgeber erstattet). Bei beruflich veranlassten Übernachtungen über eine Dauer von mehr als vier Jahren am gleichen Ort gibt es Beschränkungen. Falls übrigens der Ehegatten auch am Reiseort im Zimmer mit übernachtet, sind diese Kosten insoweit nicht abziehbar. Aber selbst dann darf der Betrag, der

---

[19] § 9 Abs. 1 Satz 3 Nr. 5 EStG.

ohnehin für ein Einzelzimmer angefallen wäre abgesetzt werden.[20]

6. Aufwendungen für Arbeitsmittel und typische Berufsbekleidung also z.b. Laptop oder Blaumann bzw. Arztkittel, wobei jedoch die nachfolgende Nummer 7 vorrangig zu berücksichtigen ist (Abschreibungen)[21]

7. Absetzung für Abnutzung (Abschreibungen) [22]unter Berücksichtigung der Grenzen für geringwertige Wirtschaftsgüter (GwG). Das bedeutet, dass die Anschaffungskosten von Wirtschaftsgütern über die voraussichtliche Nutzungsdauer aufzuteilen und in jedem Jahr anteilig zu berücksichtigen sind. Ein Laptop im Wert von 1.200 € mit einer Nutzungsdauer von 3 Jahren kann jedes Jahr mit 400 € berücksichtigt werden. Kostet der Laptop jedoch nur 800 € (GwG-Grenze) kann der Anschaffungspreis im ersten Jahr in voller Höhe berücksichtigt werden.[23] Diese sofortige Abschreibung ist bei Wirtschaftsgütern möglich, die nicht mehr als 800 € kosten und selbstständig nutzbar sind. Der o.g. Laptop kann selbstständig genutzt werden und ein Multifunktionsdrucker (Drucker, Scanner, Faxgerät in einem auch). Jedoch ist z.B. ein Computerbildschirm kein GwG, weil eine Nut-

---

[20]§ 9 Abs. 1 Satz 3 Nr. 5a EStG.
[21] § 9 Abs. 1 Satz 3 EStG.
[22] § 9 Abs. 1 Satz 3 Nr. 7 EStG.
[23] § 6 Abs. 2 EStG.

zung nur im Zusammenhang mit weiteren Wirtschaftsgütern möglich ist. Hieraus ergibt sich auch eine Möglichkeit der Steueroptimierung, indem gezielt die GwG-Grenzen bei Anschaffungen in Auge behalten werden.

Wer für Zwecke seiner Einnahmenerzielung außerhalb seiner Wohnung (und außerhalb seiner ersten Tätigkeitsstätte) unterwegs ist, kann neben den Fahrt- und Übernachtungskosten auch Verpflegungsmehraufwendungen absetzen. Normalerweise gehören Kosten für die Verpflegung zu den steuerlich nicht zu berücksichtigenden Kosten der privaten Lebensführung.[24] Dieser Grundsatz wird im Fall der Reisekosten aufgehoben. Bei einer Abwesenheit von mehr als acht Stunden oder für An- und Abreisetage sind 14 € pro Tag anzusetzen. Bei Abwesenheit über den gesamten Tag sind 28 € steuerlich abzugsfähig. Soweit Verpflegung zur Verfügung gestellt wird (Frühstück bei vom Arbeitgeber bezahlter Hotelübernachtung, Mittag beim Seminar) werden diese Pauschalen gekürzt, und zwar für ein Frühstück um 20% des vollen Satzes (5,60 €) und für Mittag und Abendessen jeweils um 40% des vollen Satzes (11,20€).[25]
Bis zum Jahr 2019 galten noch niedrigere pauschale Ansätze von 12 € bzw. 24 €.

---

[24]§ 12 Nr. 1 EStG.
[25]§ 9 Abs 4a EStG.

Darüber hinaus ist zu berücksichtigen, dass die Beschränkungen für den Betriebsausgabenabzug auch für Werbungskosten gelten.[26] Dies bedeutet, dass z.B. Geschenke im Rahmen des Werbungskostenabzugs berücksichtigt werden können. Allerdings nur dann, wenn diese Aufwendungen pro Empfänger im Kalenderjahr 35 € nicht überschreiten. Auch die Kosten für eine durch die Tätigkeit veranlasse Bewirtung sind als Betriebsausgaben abziehbar, jedoch davon 30% pauschal nicht abziehbar.

Die Aufwendungen für eine Berufsausbildung oder Studium sind ebenfalls als Werbungskosten abziehbar. Allerdings nur dann, wenn es sich nicht um eine Erstausbildung oder ein Erststudium handelt oder wenn dies im Rahmen eines Dienstverhältnisses stattfindet. Die Kosten für ein duales Erststudium sind also zu berücksichtigen, jedoch für das gleiche Studium ohne Ausbildungsverhältnis nicht. [27] Hierdurch wird vermieden, dass im Rahmen eines Studiums Verlustvorträge gesammelt werden, die im Anschluss bei Beginn einer Arbeit steuermindernd zu berücksichtigen wären. Inwiefern diese Vorschrift dem Rechtsgedanken (subjektives Nettoprinzip) entspricht oder nicht, möchte ich an dieser Stelle gar nicht weiter ausführen. Wer nach Abschluss seines Bachelors eine Tätigkeit aufnimmt und später dann ein Masterstudium macht, kann die Kosten des Bachelorstudiums nicht absetzen, jedoch die für das Masterstudium.

---

[26]§ 9 Abs. 5 EStG i.V.m. § 4 Abs. 5 EStG.
[27]§ 9 Abs. 6 EStG.

Die Systematik der Reihenfolge bleibt eventuell manchen Leser verborgen, wenn man beispielsweise bedenkt, dass die Kosten für eine durch die Einnahmenerzielung veranlasste Reise sich über die Nummern 4a und 5a sowie über den Absatz 4a zieht. Ob der Gesetzgeber hier eine Systematik beabsichtigt hat oder nur aufgeführt hat was diesem gerade eingefallen ist, lässt sich nicht so ohne weiteres beantworten.

Schlussendlich bleibt zu erwähnen, dass diese Auflistung im Gesetz ausdrücklich nicht abschließend ist. Demnach sind also auch weitere nicht genannte Kosten abziehbar, wenn diese im Zusammenhang mit der Einnahmenerzielung stehen und keine Abzugsbeschränkung greift. Unerwähnt geblieben sind bisher beispielsweise Parkgebühren, die als Reisenebenkosten abziehbar sind. Allerdings bei den Fahrten zwischen Wohnung und Arbeitsstätte bereits mit der Pauschale abgedeckt sind.

Grundsätzlich gilt, dass alle Aufwendungen zum Erwerb, Sicherung und Erhalt von Einnahmen als Werbungskosten von diesen abgezogen werden können. Der Abzug ist grundsätzlich im Jahr der tatsächlichen Zahlung möglich.

3. Einkünfte aus nichtselbstständiger Arbeit

3.1. Definition der Nichtselbstständigkeit

Die für dieses Buch wohl relevanteste Einkunftsart umfasst die Einkünfte aus nichtselbstständiger Arbeit. Hierzu gehören laut gesetzlicher Definition (§ 19 Abs. 1 Satz 1 Nr. 1 EStG) die „Gehälter, Löhne, Gratifikationen, Tantiemen und andere Bezüge und Vorteile für eine Beschäftigung im öffentlichen oder privaten Dienst. Gemeint sind hiermit die Einnahmen aller angestellten Arbeitnehmer. Ein entsprechendes Arbeitnehmerverhältnis liegt dann vor, wenn die Arbeitskraft geschuldet wird, d.h. wenn die Tätigkeit dem geschäftlichen Willen des Arbeitgebers unterliegt (§ 1 Abs. 2 LStDV).

In den meisten Fällen ist dies unproblematisch zu erkennen. Wer einen Arbeitsvertrag hat, ist in der Regel ein Arbeitnehmer. Auf eine solche Arbeitnehmertätigkeit deuten weitere Umstände wie Lohnfortzahlung im Krankheitsfall und Urlaubsanspruch hin.
Entscheidend ist dies z.B. für Geschäftsführer von Kapitalgesellschaften. Diese können je nach Gestaltung (Urlaubsanspruch, vorgegebener Arbeitsort / Arbeitszeit usw.) entweder Arbeitnehmer sein oder selbstständige Unternehmer und damit Gewinneinkünfte erzielen.

Wer seine Tätigkeit selbstständig ausübt, d.h. wer u.a. nicht weisungsgebunden ist und damit Einnahmen erzielt, hat Einkünfte als Unternehmer (Gewinneinkünfte). Entsprechend erzielt eine solche Person aus der selbstständigen Tätigkeit – wie die Bezeichnung schon andeutet – keine Einkünfte aus nichtselbstständiger Tätigkeit.

Zu den Einkünften aus nichtselbstständiger Arbeit gehören jedoch auch solche, die für eine nicht mehr aktive Tätigkeit bezahlt werden z.B. Witwen- und Waisengelder (sofern aufgrund eines früheren Dienstverhältnisses bezahlt), Bezüge aus einer Pensionsfonds oder eine Pensionskasse (sofern vom Arbeitgeber bezahlt).[28]
Hierzu zählen auch die Versorgungsbezüge (Altersbezüge der Beamten), die analog den Renten (noch) teilweise steuerfrei sind.[29]

Da in den Medien immer wieder davon berichtet wird hier ein paar Worte zur Scheinselbstständigkeit. Eine Person die als Unternehmer auftritt jedoch ausschließlich für einen Auftraggeber tätig wird und dessen Weisungen unterliegt (feste Arbeitsorte, genaue Terminvorgaben) und dadurch oder anderweitig in einem entsprechenden Abhängigkeitsverhältnis steht handelt in manchen Fällen nicht selbstständig. Er übt eine nichtselbstständige Tätigkeit mit allen Konsequenzen (Lohnsteuer, ggf. Sozialversicherungspflicht)

---

[28] § 19 Abs. 1 Nr. 2 u. Nr. 3 EStG.
[29] § 19 Abs. 2 EStG.

aus. Die Grenzen sind jedoch eng zu ziehen und nur, weil ein Selbstständiger nur einen Auftraggeber hat, ist dieser noch nicht Scheinselbstständig. Vielmehr müssen hier weitere Punkte hinzukommen, welche die eigene Entscheidungsfähigkeit (welchen Auftrag kann ich annehmen und wann führe ich diesen aus) einschränken. Nach meiner Erfahrung kann man sehr leicht beeinflussen, ob nun eine Selbstständigkeit oder eine Nichtselbstständigkeit / Scheinselbstständigkeit vorliegt.

Wer in einem abhängigen Verhältnis steht und Einnahmen aus einer Tätigkeit erzielt, bei der er weisungsgebunden ist, hat Einkünfte aus nichtselbstständiger Arbeit. Auf die Bezeichnung der Vereinbarung (Arbeitsvertrag etc.) kommt es nicht nur an, sondern nur auf die tatsächlichen Umstände und die Durchführung.

3.2. Hinweise zur Lohnsteuer und zur Sozialversicherungspflicht

Ein entscheidender Unterschied zu anderen Einkunftsarten ist, dass die Einkommensteuer für die Einkünfte bereits durch den Arbeitgeber einbehalten werden müssen (Lohnsteuereinbehalt).

Da dieses Buch jedoch für die Seite der Arbeitnehmer ist, verzichte ich an dieser Stelle auf weitergehende Ausführungen zur Berechnung.

Grundsätzlich wird vom Arbeitslohn (Brutto) die Einkommensteuer in Form der Lohnsteuer sowie Sozialversicherungsbeiträge einbehalten. Ausgezahlt bekommt ein Arbeitnehmer daher nur den geringeren Nettolohn. Es gibt selbstverständlich auch hierbei Ausnahmen für z.B. Minijober, Midijobs, private Krankenversicherung, beherrschende Gesellschafter-Geschäftsführer etc. Soweit nicht andere Umstände hinzutreten (besondere Steuerklasse, weitere Einkünfte, Lohnersatzleistungen wie Krankengelt usw.) ist die Besteuerung an dieser Stelle erledigt und eine Einkommensteuerveranlagung ist grundsätzlich nicht mehr erforderlich. In vielen Fällen kann es trotzdem sinnvoll sein eine Steuererklärung abzugeben. Laut dem statistischen Bundesamt liegt die durchschnittliche Erstattung im Rahmen der Einkommensteuerveranlagung von Arbeitnehmern bei knapp unter 1.000 € pro Jahr.

3.3. Besonderheiten bei den Einnahmen aus nichtselbstständiger Arbeit

Für jeden greifbar ist, dass der vertraglich vereinbarte Arbeitslohn (Festgehalt oder Stundenlohn) sowie Bonuszahlungen und Zuschläge zu den Einnahmen dazugehören. Also einfach gesagt alles was in Geld durch den Arbeitgeber dem Arbeitnehmer für dessen Tätigkeit zugewandt wird gehört zum Arbeitslohn (§ 8 Abs. 1 EStG).

Zu den Einnahmen gehören jedoch auch solche Leistungen, die nicht in Geld bestehen wie Wohnungsüberlassung, Verpflegung, kostenlose oder kostengünstige Überlassung von Waren oder Dienstleistungen und alle sonstigen Sachbezüge (z.B. Tankgutscheine). Da diese gerade nicht in Geld bestehen stellt sich die Frage nach der Bewertung für Zwecke der Besteuerung. Hierauf bin ich bereits Kapitel 2.2.2 eingegangen – „um übliche Preisnachlässe geminderte übliche Endpreise am Abgabeort".

Überlässt der Arbeitgeber beispielsweise eine Wohnung an seinen Arbeitnehmer, so hängt der Wert der Einnahme mit der üblichen Miete am Ort der Wohnung zusammen. Ich denke jedem ist klar, dass die Überlassung einer 60qm Wohnung in der Münchener Innenstand einen anderen Wert hat also die Überlassung einer gleichwertigen Wohnung in einer Brandenburger Kleinstadt.[30]

Für Arbeitnehmer ergeben sich jedoch noch zwei besondere Bewertungsbereiche – die Kfz-Nutzung und Verpflegung.

Darf ein Arbeitnehmer ein Fahrzeug des Arbeitgebers privat und für Fahrten zwischen Wohnung und Arbeitsstätte nutzen so gibt es zwei grundsätzliche Varianten, um den daraus entstehenden Arbeitslohn zu berechnen:

1. Der Arbeitnehmer führt ein ordnungsgemäßes Fahrtenbuchen, sodass die auf die private Nutzung entfallen Kosten (laufende Betriebskosten, Steuern, Abschreibungen) genau ermittelt werden können. Diese stellen dann die Einnahme für den Arbeitnehmer dar. Die Anforderungen an ein ordnungsgemäßes Fahrtenbuch sind sehr hoch (jede Fahrt mit Anfangs- und Endkilometerstand, Ziel und Anlass ist zeitnah zu erfassen).[31]

2. Sofern kein ordnungsgemäßes Fahrtenbuch geführt wird, ist 1% des Bruttolistenpreises für die private Nutzung des Fahrzeugs sowie 0,002% des Bruttolistenpreises pro Entfernungskilometer zwischen Wohnung und Arbeitsort anzusetzen,

---

[30] § 2Abs. 4 Satz 1 SvEV.
[31] § 8 Abs. 2 Satz 4 EStG.

34

soweit es sich nicht um Werbungskosten handeln würde (jeweils pro Monat).[32]

Hierzu folgendes Rechenbeispiel:
Bruttolistenpreis Pkw 50.000 €
Entfernung Wohnung / erste Tätigkeitsstätte 25 km

Private Kfz-Nutzung 1% von 50.000 € = 500 €
Pauschale für Fahrten Wohnung – Arbeitsstätte 0,002% von 50.000 € * 25km = 25 €. Davon Werbungskosten (Kapitel 2.2.3) 25 km * 0,30 € = 7,50 €. Arbeitslohn für die Fahrten 17,50 €.

Die Höhe des Arbeitslohns hängt also maßgeblich vom Bruttolistenpreis des Fahrzeugs aus. Nicht entscheiden sind Faktoren wie Alter (auch für einen 20 Jahren alten Porsche ist ein Listenpreis von 100.000 € zu berücksichtigen) oder Art der Finanzierung durch den Arbeitgeber (Leasing oder Kauf).

Wird ein Arbeitnehmer außerhalb seiner Wohnung und außerhalb der Arbeitsstätte tätig, und wird dieser dort außerhalb (Seminar, Auswärtstermine bei Kunden) verpflegt, so sind die sehr geringen Sätze nach der Sozialversicherungsentgeltverordnung (SvEV) anzusetzen z.B. 3,40 € für ein Mittagessen.[33] Dies gilt nicht, wenn der Wert der Mahlzeit bei über 60 € liegt.[34] Auch ist, dann kein geldwerter Vorteil zu

---

[32] § 8 Abs. 2 Satz 2 u. Satz 3 EStG.
[33] § 2 Abs. 1 i.V.m. Abs. 6 SvEV.
[34] § 8 Abs. 2 Satz 8 EStG.

berücksichtigen, wenn grundsätzlich Werbungskosten vorliegen (insoweit Reduzierung der Verpflegungsmehraufwendungen um einen pauschalen Ansatz).

Zum Thema der Bewertung ist wichtig, dass Sachbezüge von bis zu 44 € pro Monat (ab Januar 2022 50 € pro Monat) steuerlich unberücksichtigt bleiben.[35] Das heißt ein Tankgutschein von bis zu 44 € pro Monat kann der Arbeitgeber steuerfrei zum Gehalt dazugeben. Hinsichtlich der Gewährung von Gutscheinen durch den Arbeitgeber gibt es ab 2020 umfangreiche Änderungen und Einschränkungen, die spätestens ab 2022 ihre volle Wirksamkeit entfalten.

Zu erwähnen ist für Arbeitnehmer auch noch der § 8 Abs. 3 EStG. Sofern ein Arbeitgeber selbst Produkte / Dienstleistungen herstellt, vertreibt oder erbringt ist als Wert nur 96% des üblichen Endpreises am Abgabeort zu berücksichtigen. Außerdem ist eine Differenz zwischen diesem 96% Wert und der tatsächlichen Zahlung des Arbeitnehmers dafür steuerfrei bis zu einem Betrag von 1.080 € pro Jahr.

Ein Verkäufer im Einzelhandel, der Produkte zu einem Wert von 75% erwerben kann muss also die Differenz von 21% (96% - 75%) versteuern. Wenn ein solcher Arbeitnehmer also Waren im Wert von 10.000 € (100%) für 7.500 € im Jahr erwirbt, ergibt sich daraus ein Vorteil von 2.100 €. Hiervon unterliegen 1.020 € der Besteuerung.

---

[35] § 8 Abs. 2 Satz 11 EStG.

Für Arbeitnehmer gibt es daneben noch eine Reihe von Steuerbefreiungen für bestimmte Einnahmen z.b. bei unentgeltlicher Nutzung von Berufsbekleidung und Werkzeugen, Sammelbeförderung, Kinderbetreuung durch den Arbeitgeber, teilweise für Schichtzuschläge (Sonn- und Feiertage) etc. Eine Aufzählung im Detail würde den Rahmen sprengen.[36]

Die Erstattung von Werbungskosten unterliegt auch nicht der Besteuerung, sofern dies im überwiegenden Interesse des Arbeitgebers erfolgt.

Daneben gibt es eine Reihe von Einnahmen (z.b. Betriebsveranstaltungen, größere Geschenke), die soweit nicht steuerfrei auch mit einem pauschalen Steuersatz besteuert werden können. Der Vorteil besteht hierbei darin, dass teilweise keine Sozialversicherungsbeiträge anfallen und ein geringerer Steuersatz fällig wird.[37]

Die Reihe der Besonderheiten ist sehr lang, jedoch interessant um Nettolohnoptimierungen zu erzielen. Ein cleverer Arbeitgeber kann in Zusammenarbeit mit seinem Steuerberater / Lohnbüro da sehr gute Lösungen anbieten.

Als letzte Besonderheit ist noch zu erwähnen, dass der laufende Arbeitslohn (monatliche Bezüge) abweichend vom bereits genannten Zuflussprinzip, bereits

---

[36] § 3 EStG.
[37] §§ 40ff EStG.

im jeweiligen Lohnfortzahlungsraum zufließt. Der Arbeitslohn Dezember 2019 gehört also auch dann in das Jahr 2019, wenn dieser am 15. Januar 2020 zufließt.

3.4. Besonderheiten bei den Werbungskosten zur nichtselbstständigen Arbeit

Es wird in einigen Punkten bei den Werbungskosten expliziert von Arbeitnehmern gesprochen. Allerdings sind nach § 9 Abs. 3 EStG die entsprechenden Werbungskosten auch sinngemäß bei den anderen Überschusseinkunftsarten zu berücksichtigen. Es gibt also keine speziellen Werbungskosten, die nur für Arbeitnehmer gelten.

Zwar gibt es für Arbeitnehmer keine speziellen Werbungskosten, die nur ein Arbeitnehmer abziehen darf. Allerdings gibt es für Arbeitnehmer eine wesentliche Besonderheit. Sofern die tatsächlichen Werbungskosten nicht mehr als 1.000 € betragen wird ein pauschaler Werbungskostenabzug in Höhe von 1.000 € berücksichtigt. Dieser kann in Sonderfällen die Einnahmen übersteigen und gilt übrigens pauschal in voller Höhe, selbst wenn eine Tätigkeit erst im Dezember aufgenommen wird.

Nur in Fällen, bei denen die Einkünfte aus nicht selbstständiger Arbeit im Jahr nur teilweise der deutschen Einkommensteuer unterliegen, kommt es zu einer anteiligen Kürzung des Pauschbetrages).

Der Pauschbetrag wird bereits bei Berechnung der Lohnsteuer berücksichtigt. Ein Indiz, ob sich die Abgabe einer Einkommensteuererklärung ohne Verpflichtung lohnt, ist wenn die tatsächlichen Werbungskosten diese 1.000 € Pauschbetrag übersteigen.

Für Empfänger von Versorgungsbezügen (pensionierten Beamten) gilt lediglich ein Pauschbetrag in Höhe von 102 €. Da keine aktive Arbeit mehr mit den Bezügen verbunden ist und daher kaum tatsächliche Kosten anfallen sollten, ist dies rechts-systematisch sinnvoll.

Übersteigen die Werbungskosten eines Arbeitnehmers voraussichtlich 1.000 € im Kalenderjahr ist dies ein erstes Indiz dafür, dass sich die Abgabe einer Einkommensteuererklärung lohnen kann.

4. Einkünfte aus Kapitalvermögen

4.1.   Arten der Kapitaleinkünfte

Die Einkünfte aus Kapitalvermögen sind sehr vielseitig. Zum Verständnis der darauf aufbauenden Regelungen zum Kapitalertragsteuerabzug und zum Sondertarif (siehe Kapitel 10 ist es m.e. erforderlich diese einmal vollständig durchzugehen.

Um die Systematik des Gesetzes beizubehalten, beginnt die nachfolgende Aufstellung mit dem Absatz 1 des § 20 EStG:

Unter die Nr. 1 fallen sämtliche ausgezahlte Gewinnanteile (i.d.R. Dividenden) von Körperschaften (GmbH, AG, S.E.), verschiedenen Genossenschaften etc. Neben den reinen Zinsen sind dies die an den weitesten verbreiteten Einnahmen aus Kapitalvermögen. Hierzu gehören nicht nur die gesellschaftsrechtlich beschlossenen Gewinnausschüttungen, sondern auch die sogenannten verdeckten Gewinnausschüttungen. Nicht in diese Kategorie gehört allerdings die Rückzahlungen von Nennkapital oder Ausschüttungen aus dem steuerlichen Einlagenkonto (jedoch ggf. für Abs. 2 bzw. § 17 EStG relevant), auf die später eingegangen wird. Wer bei einem deutschen Kreditinstitut sein Depot hat oder eine Direktbeteiligung hält (ohne depotführende Bank) erhält die genaue

Aufgliederung mit der Kapitalertragsteuerbescheinigung.

Die Nr. 2 betrifft die bereits unter 1. genannten Gesellschaften, jedoch hier nicht die Gewinnanteile, sondern Liquidationserlöse bzw. sonstige Bezüge im Rahmen einer Auflösung der Gesellschaft. Auch hier fällt die Rückzahlung des eingezahlten Stammkapitals (oder Rückzahlung aus dem steuerlichen Einlagenkonto) nicht unter den Abs. 1.

Die Nr. 3 und Nr. 3a umfassen (Spezial-) Investmenterträge i.S.d. Investmentsteuergesetzes. Grob gezahlt fallen hierunter alle Ausschüttungen, Veräußerungsgewinne und Vorabpauschalen aus Fonds wie z.B. ETFs. Auf die Besonderheiten des Investmentsteuergesetztes wird in diesem Buch nicht tiefergehend eingegangen.

Unter den Bereich der Nr. 4 fallen die Gewinnanteile eines typisch stillen Gesellschafters und Erträge aus partiarischen Darlehen. Handels es sich um eine atypisch stille Gesellschaft fallen die Gewinnanteile dagegen unter die Einkünfte aus Gewerbebetrieb.

Durch die Nr. 5 werden Zinsen aus Hypotheken und Grundschulden sowie Renten aus Rentenschulden (soweit die Renten nicht unter die sonstigen Einkünfte fallen) abgedeckt. Hiermit sind tatsächlich nur solchen Zinsen gemeint, die durch Grundstücke abgesichert sind.

Aus Gründen des leichteren Verständnisses werde ich nicht näher auf die Details der Nr. 6 eingehen. Hierunter fallen grob gesagt Überschüsse aus Kapitallebensversicherungen. Wer davon betroffen ist sollte vor Auszahlung Rücksprache mit seiner Versicherung bzw. seinem Steuerberater halten.

Der Bereich der Nr. 7 umfasst die klassischen Zinsen. Hierunter fallen unabhängig von der Bezeichnung alle Beträge, die für die Überlassung von Kapital gezahlt werden. Außerdem umfasst dies auch Zinsen auf Steuererstattungen.

Mittlerweile sollte die Nr. 8 Diskonterträge auf Wechsel in der Praxis bedeutungslos geworden sein.

Mit der Nr. 9 sollen nochmal Erträge aus Körperschaften (nicht steuerbefreite) abgefangen werden, die nicht bereits durch die Nr. 1 abgedeckt sind.

Eher nur für Kommunen und sonstige juristische Personen des öffentlichen Rechts ist die Nr. 10 relevant, da hier Erträge aus Betrieben gewerblicher Art darunterfallen.

Als letzte Nummer umfasst die Nr. 11 die Stillhalterprämie bei Optionsgeschäften und sollte bei den meisten Privatpersonen eher weniger verbreitet sein.

Der Absatz 2 Nr. 1 bis 7 kann leicht abgehandelt werden. Hierunter fallen grundsätzlich gesprochen sämtliche Gewinne, die aus einer Veräußerung der Einnahmenquelle zu den in Absatz 1 Nr. 1 bis 7 genannten Einnahmen, entstehen. Die Nr. 8 des Absatz 2 verweist auf die Quelle nach Absatz 1 Nr. 9.

Mit dem Absatz 3 wird ein zusätzlicher ein Auffangtatbestand geschaffen, der nochmal alle sonstigen Bezüge aus den in Absatz 1 genannten Quellen umfasst. Hierzu gehören spätestens dann auch die Vorteile im Rahmen einer Aktionärsversammlung (insbesondere bei Brauereien können diese durchaus interessant und werthaltig sein).

Jegliche passive Generierung von Geld aus Geld fällt im Normalfall unter eine Nummer der Kapitaleinkünfte. Hierzu gehören dann auch der Gewinn aus der Veräußerung einer solchen Einkunftsquelle.

4.2. Berechnung der Veräußerungsgewinne

Bei der Nennung der Einnahmen im Sinne des Absatzes 2 wurde vom Gewinn aus der Veräußerung gesprochen. Wie sich dieser Gewinn berechnet ergibt sich aus dem Absatz 4. Der gesamte Erlös abzüglich der Veräußerungsnebenkosten (Ordergebühren und Börsenplatzentgelte bei Aktienveräußerungen, Notarkosten etc.) abzüglich der ursprünglichen Anschaffungskosten für das Produkt. Auch wenn hier vom Gewinn gesprochen wird, kann sich aufgrund der Berechnung auch ein Verlust (negativer Gewinn) ergeben. Auch dieser ist steuerlich zu berücksichtigten, unterliegt jedoch Verrechnungsbeschränkungen (Verluste aus Aktienveräußerungen mindern nur Gewinn aus Aktienveräußerungen, sind jedoch nicht mit z.B. mit positiven Einkünften aus der nicht selbstständigen Arbeit zu verrechnen, siehe auch 4.3.).

Auch hierbei gibt es wieder Sonderfälle zu beachten, jedoch werde ich hier nur auf zwei eingehen. Bei verdeckten Einlagen (Wirtschaftsgüter werden unter Wert oder unentgeltlich in eine eigene Kapitalgesellschaft eingebracht) gilt als Veräußerungspreis der sogenannte gemeine Wert (Preis im üblichen Geschäftsverkehr inkl. Umsatzsteuer).

Sofern bestimmte Einkunftsquellen unentgeltlich erworben wurden (Schenkung oder Erbschaft) werden die historischen Anschaffungskosten des Rechtsvorgängers berücksichtigt. Wer von seinen Großeltern ein Aktiendepot übertragen bekommt, sollte daher darauf achten sich von der Bank die historischen Anschaffungskosten bestätigen zu lassen. Im Rahmen diverser Reformen u.a des Investmentsteuergesetzes und der Einführung des Halb- bzw. des Teileinkünfteverfahrens gab es Änderungen im Rechtssystem. In diesen Fällen werden teilweise die Börsenkurse zu einem bestimmten Stichtag als Anschaffungskosten berücksichtigt. Hierdurch bleiben Gewinne bis zu diesem Zeitpunkt steuerfrei (Verluste bleiben allerdings auch unberücksichtigt.

Der Absatz 4a geht auf den Sonderfall bei Aktientausch ein. Dieser gilt als Veräußerungsgeschäft, allerdings löst dieser nur Gewinn aus soweit es einen zusätzlichen Barausgleich gab. Ansonsten gelten die ursprünglichen Anschaffungskosten grob gesagt als Anschaffungskosten der im Wege des Tauschs erhaltenen Aktien.

Der Gewinn aus der Veräußerung von Einkommensquellen berechnet sich für diesen Zweck:
Veräußerungspreis
abzgl. Veräußerungsnebenkosten
abzgl. Anschaffungskosten (inkl. Anschaffungsnebenkosten)

4.3. Erste Besonderheiten bei den Einkünften aus Kapitalvermögen

Im Absatz 6 wird die vorab angesprochene beschränkte Verlustverrechnung definiert. Sämtliche Verluste aus Kapitalvermögen dürfen nur mit Verlusten aus Kapitalvermögen verrechnet werden. Der Ausfall eines Darlehens, Verluste aus Aktienverkäufen etc. führen also nicht zu einer Steuerminderung im Sinne eines Ausgleichs / Verrechnung mit anderen positiven Einkunftsarten. Bei Verlusten aus Aktienverkäufen (u.ä. Einkommensquellen i.S.d. § 20 Abs. 1 Nr. 1 EStG) findet eine Verrechnung auch nur mit Gewinnen aus entsprechenden Geschäften statt.
Verluste aus Aktienverkäufen mindern also nicht die Zinserträge. Allerdings kann der Verlust aus dem Ausfall eines Darlehens (Einkünfte nach § 20 Abs. 2 Nr. 7 EStG) mit Gewinnen aus Aktienverkäufen verrechnet werden.

Im Normalfall nehmen die Banken entsprechende Verlustverrechnungen automatisch vor. Es besteht allerdings auch die Möglichkeit die Verluste feststellen zu lassen. Dann erfolgt die Verrechnung im Rahmen der Einkommensteuerveranlagung. Dies kann dann sinnvoll sein, wenn in einem Depot Überschüsse erzielt wird, jedoch in einem anderen Verlust generiert werden. Wer ein wenig Freude an Zahlen hat kann auf solchen Wegen auch die Nutzung des Sparerpauschbetrages (siehe unten) optimieren und so nochmal mehr als 200 € Steuerersparnis herausholen.

Die Zuordnung von Einnahmen zu Einkünften aus Kapitalvermögen ist jedoch nachrangig, d.h. wenn diese eigentlich im Zusammenhang mit Einkünften aus Land- und Forstwirtschaft, Gewerbebetrieb, selbstständiger Arbeit oder Vermietung und Verpachtung (denkbar Zinserträge aus Bausparvertrag zur Refinanzierung Immobiliendarlehen) stehen unterliegen diese Einnahmen den Vorschriften der entsprechenden Einkunftsart. Diese Subsidiarität gilt jedoch nicht hinsichtlich der Einkünfte aus nicht selbstständiger Arbeit bzw. der sonstigen Einkünfte.[38]

Die größte Besonderheit bei der Ermittlung der Einkünfte aus Kapitalvermögen ergibt sich jedoch aus dem Absatz 9. Alles was bisher über Werbungskosten gelernt wurde ist hinfällig, denn den Einnahmen aus Kapitalvermögen sind nicht die tatsächlichen Werbungskosten gegenzurechnen, sondern ein Pauschbetrag („Werbungskostenpauschbetrag") in Höhe von 801 € bzw. bei Ehegatten 1.602 €.
Es werden also erst einmal alle Einnahmen (inkl. Gewinne i.S.d. Absatz 2) zusammengerechnet und von dieser Summe werden dann einmal die 801 € abgezogen. Der dann verbleibende Betrag sind die Einkünfte, die der Versteuerung unterliegen.
Maximal wird der Pauschbetrag in Höhe der Einnahmen berücksichtigt.

---

[38] § 20 Abs. 8 EStG.

Wer also Zinseinnahmen von 50 € hat, der bekommt nur einen Pauschbetrag von 50 € zugerechnet, sodass die Einkünfte 0 € betragen.

Auch hiervon gibt es wieder Ausnahmen, auf die im späteren Kapitel im Rahmen des Sondertarifs eingegangen wird.

Die nächste große Besonderheit bei den Kapitaleinkünften ergibt sich der Anwendung des Sondertarifs, auf den in Kapitel 10 näher eingegangen wird.

Von der vorher beschrieben Zuordnung der Verkäufe von Anteilen an Kapitalgesellschaften gibt es einen großen Ausnahmebereich. Der Verkauf von Anteilen an einer Kapitalgesellschaft gehört dann nicht zu den Einkünften aus Kapitalvermögen, sondern wird den Einkünften aus Gewerbebetrieb zugeordnet, wenn der Veräußerer irgendwann innerhalb der letzten fünf Jahre vor Verkauf zu mindestens 1% an der Gesellschaft beteiligt war[39]. Dies sollte bei den Anteilen an DAX-Unternehmen im Depot wohl meistens nicht der Fall sein. Aber für jeden der seine eigene Unternehmung gegründet hat oder irgendwo nicht nur völlig geringfügig mit eingestiegen ist, kann dies relevant sein.

Die vorgenannten Ausführungen zur Gewinnermittlung (Veräußerungserlös abzgl. Veräußerungskosten abzgl. Anschaffungskosten) inkl. aller Besonderheiten gelten auch weiter.

---

[39] § 17 EStG.

Es gibt bei der Ermittlung der Einkünfte zwei große Besonderheiten, und zwar die Anwendung des Teileinkünfteverfahrens und einen besonderen Freibetrag.

Die Anwendung des Teileinkünfteverfahrens stellt 40% des Veräußerungserlöses steuerfrei.[40] Allerdings sind gleichzeitig auch 40% der Veräußerungskosten und 40% der Anschaffungskosten steuerlich nicht zu berücksichtigen.[41] Oder um es einfacher auszudrücken, es wird nur 60% des Gewinns versteuert (nur ein Teil der Einkünfte).

Neben der Anwendung des Teileinkünfteverfahrens gibt es noch einen zusätzlichen Freibetrag, und zwar in Höhe von grundsätzlich 9.060 €. Dieser wird jedoch gemindert, soweit der Gewinn 36.100 € übersteigt und gilt außerdem nur anteilig.[42] Dies wird mit drei Beispielen deutlicher:

Bei einem Anteil an der veräußerten Gesellschaft von 50% und einem Gewinn von 10.000 € gilt ein Freibetrag von 4.530 €). Also zu versteuern sind 5.470 €

Anteil an der veräußerten Gesellschaft 100% und (steuerpflichtiger Gewinn) 40.100 €. Dann beträgt der Freibetrag noch 5.060 €. Zu versteuern sind 35.040 €.

---

[40] § 3 Nr. 40 Buchstabe c) EStG.
[41] § 3c Abs. 2 EStG.
[42] § 17 Abs. 3 EStG.

Anteil an der veräußerten Gesellschaft 50% und Gewinn 20.050 €. Dann beträgt der Freibetrag noch 2.350 € (9.060 € * 50% abzgl. 20.050 € - 36.100 € * 50%). Zu versteuern sind vom Gewinn 17.520 €.

Abzug eines Sparerpauschbetrag von 801 € (pro Jahr) statt tatsächlicher Werbungskostenabzug.
Gewinne aus Veräußerungen von Anteilen an Kapitalgesellschaften bei einer Beteiligung von mindestens 1% unterliegen dem Teileinkünfteverfahren (40% steuerfrei) und Freibeträge können genutzt werden.

5. Sonstige Einkünfte

Der Bereich der sonstigen Einkünfte ist ein Sammel-
surium von verschiedenen Einkunftsquellen, die sonst
nirgendwo einzuordnen sind. Hierunter fallen untere
anderem Renten und (private) Veräußerungsgeschäft.

Um hier auch wieder einen systematischen Überblick
zu liefern, gehe ich nachfolgend die einzelnen Nummern durch.

5.1.   Renten und andere laufende Bezüge

Unter die Nummer 1 fallen sämtliche wiederkehrende Bezüge, die nicht unter eine andere Einkunftsart
fallen (z.B. gesetzliche Rentenversicherung, nicht
aber die Kaufpreisraten bei einem Immobilienver-
kauf, die ggf. unter die Nummer 2 der sonstigen Einkünfte fallen). Die beiden bedeutendsten Einkunftsquellen stellen dabei die Deutsche Rentenversicherung und Erträge aus privaten Renten dar.

Im Jahr 2005 hat sich das Besteuerungssystem für
Renten aus der gesetzlichen Rentenversicherung sehr
stark geändert. Seit diesem Jahr 2005 sind die Renten
zu 50% von der Steuer befreit. Allerdings sinkt die
Steuerbefreiung jedes Jahr um 2% für spätere Ren-
tenbeginne. Das heißt jemand der 2015 in Rente ge-

gangen ist hat nur einen steuerfreien Rentenanteil in Höhe von 30% und wer ab 2040 in Rente geht wird seine Rente zu 100% versteuern müssen. Details ergeben sich aus der nachstehenden Tabelle.

Jahr des Renten-beginns	Besteuerungs-anteil in %
bis 2005	50
ab 2006	52
2007	54
2008	56
2009	58
2010	60
2011	62
2012	64
2013	66
2014	68
2015	70
2016	72
2017	74
2018	76
2019	78
2020	80
2021	81
2022	82
2023	83
2024	84
2025	85
2026	86
2027	87
2028	88
2029	89

Jahr des Renten- beginns	Besteuerungs- anteil in %
2030	90
2031	91
2032	92
2033	93
2034	94
2035	95
2036	96
2037	97
2038	98
2039	99
2040	100

Der steuerfreie Teil der Rente wird auf Basis des Renteneintritts festgeschrieben. Jede Rentenerhöhung unterliegt in vollem Umfang der Steuer.

Dieser Umstand führt dazu, dass immer mehr Rentner in die Steuerpflicht rutschen. Um hier nicht irgendwann vor einer bösen Überraschung zu stehen, empfehle ich daher allen Rentner regelmäßig (alle 2-3 Jahre) die Steuerpflicht zu überprüfen.

Die Privatrenten sind nur teilweise zu besteuern. Und zwar in Höhe des sogenannten Ertragsanteils. Dieser ist gesetzlich festgelegt und abhängig vom Alter zum Beginn der Rente.

Wer eine Leibrente ab einem Alter von 40 Jahren bezieht muss 38% besteuern, wer jedoch dagegen eine solche Leibrente erst im Alter von 65 Jahren bezieht muss nur 18% versteuern. Auch in diesem Fall wird der zu besteuernde Ertragsanteil (allerdings hier der Prozentsatz und nicht ein absoluter Betrag) bei Rentenbeginn festgeschrieben und ändert sich daher in absoluter Höhe (in Euro) jedoch nicht in relativer Höhe (Prozentsatz). Auch hierzu enthält das Gesetz eine detaillierte Tabelle.

Bei Beginn der Rente vollendetes Lebensjahr des Rentenberechtigten	Ertragsanteil in %
0 bis 1	59
2 bis 3	58
4 bis 5	57
6 bis 8	56
9 bis 10	55
11 bis 12	54
13 bis 14	53
15 bis 16	52
17 bis 18	51
19 bis 20	50
21 bis 22	49
23 bis 24	48
25 bis 26	47
27	46
28 bis 29	45
30 bis 31	44
32	43
33 bis 34	42
35	41
36 bis 37	40

Bei Beginn der Rente vollendetes Lebensjahr des Renten-berechtigten	Ertragsanteil in %
38	39
39 bis 40	38
41	37
42	36
43 bis 44	35
45	34
46 bis 47	33
48	32
49	31
50	30
51 bis 52	29
53	28
54	27
55 bis 56	26
57	25
58	24
59	23
60 bis 61	22
62	21
63	20
64	19
65 bis 66	18
67	17
68	16
69 bis 70	15
71	14
72 bis 73	13

Bei Beginn der Rente vollendetes Lebensjahr des Renten- berechtigten	Ertragsanteil in %
74	12
75	11
76 bis 77	10
78 bis 79	9
80	8
81 bis 82	7
83 bis 84	6
85 bis 87	5
88 bis 91	4
92 bis 93	3
94 bis 96	2
ab 97	1

Unter die Nummer 1a fallen solche regelmäßigen Zahlungen die beim Leistenden mit dem Sonderaus-gabenabzug des § 10 Abs. 1a EStG korrespondieren. Auf die genauen Voraussetzungen dafür gehe ich im Kapitel 8.2.3 im Rahmen der Sonderausgaben ein. Grundsätzlich gilt hier, dass eine Steuerminderung beim Leistenden (z.B. Unterhalt an den geschiedenen oder dauernd getrenntlebenden Ehegatten bei Zu-stimmung des Empfängers) zu einer Steuerminderung führt. Insofern muss der Empfänger die erhaltenen Leistungen der Steuer unterwerfen. Oftmals sind solche Gestaltungen jedoch steuergünstiger z.B. im Rahmen der vorweggenommenen Erbfolge (Übertra-gung Unternehmen an die Kinder gegen Versorgungsleistung), weil der Empfänger der Bezüge zumeist einen wesentlich geringeren Steuersatz hat.

Hier lohnt es sich im Vorfeld zusammen mit einem Steuerberater genau zu berechnen, wie aus solchen Zahlungen für alle Beteiligten noch das steuerlich günstigste Ergebnis herausgeholt werden kann.

Renten und laufende Bezüge sind abhängig vom Beginn der Zahlung teilweise von der Steuer befreit.

5.2. Private Veräußerungsgeschäfte

Von der Nummer 2 hat wahrscheinlich jeder schon einmal gelesen oder gehört. Hierunter fallen die privaten Veräußerungsgeschäfte nach § 23 EStG. Es heißt private Veräußerungsgeschäfte, weil es um die Veräußerung von privaten Vermögen (Münzen, Immobilien, Fahrzeuge) handelt, die gerade nicht Betriebsvermögen im Rahmen der Gewinneinkünfte sind.

Allerdings unterliegt nicht jeder Verkauf von privaten Vermögen auch gleich der Steuer. Es sollen nach dem Willen des Gesetzgebers nur Spekulationsgeschäfte der Besteuerung unterworfen werden.

Besteuert wird der Verkauf von Grundstücken und grundstücksgleichen Rechten (z.B. Erbbaurecht) nur sofern zwischen Anschaffung (Übergang Nutzungen, Lasten und Gefahr) und Verkauf (Datum des Verkaufsvertrages) nicht mehr als zehn Jahre gelegen haben. Auch berücksichtigt wird ein zwischenzeitlich errichtetes Gebäude. Also Anschaffung Grundstück im Jahr 2015, Bebauung mit einem Mehrfamilienhaus im Jahr 2017 (Fertigstellung) und Verkauf im Jahr 2021. In diesem Fall unterliegt auch der Verkaufspreis für das Mehrfamilienhaus der Steuer.

Allerdings ist hiervon nicht grundsätzlich die Errichtung von Grundstücken betroffen.

Beispiel:
Vater erwirbt Grundstück im Jahr 1960 und vererbt dieses im Jahr 2015 an die Tochter (Gesamtrechtsnachfolge = Fußstapfen-Theorie). Die Tochter errichtet hierauf im Jahr 2017 ein Mehrfamilienhaus und verkauft das gesamte Grundstück im Jahr 2021. Der Verkauf unterliegt nicht der Besteuerung.

Von dieser Zuordnung gibt es noch zwei weitere Ausnahmen. Sofern das Grundstück (bebaut) ausschließlich oder wenigstens im Jahr der Veräußerung und den beiden Vorhergehenden Jahren (bei Verkauf im Jahr 2021 also seit 2019) ausschließlich den eigenen Wohnzwecken gedient hat. In diesem Fall ist der Verkauf nicht zu versteuern.
Zu eigenen Wohnzwecken gehört nach aktueller Rechtsprechung auch das im Rahmen anderer Einkunftsarten genutzte häusliche Arbeitszimmer.

Der andere Ausnahmebereich ist der gewerbliche Grundstückshandel. In diesem Buch werde ich darauf nicht im Detail eingehen. Grob gesagt handelt es sich um einen Gewerbebetrieb (Gewinneinkünfte), wenn innerhalb weniger Jahre (i.d.R. fünf Jahre) mehrere Objekte („3-Objekt-Grenze") im Rahmen einer Spekulationsabsicht gekauft und wieder verkauft werden.

Für den Verkauf von sonstigen Wirtschaftsgütern des Privatvermögens (Münzen, Gold, Fahrzeuge, Türen usw.) kann nur dann der Besteuerung unterliegen, wenn dies innerhalb der Spekulationsfrist von einem Jahr erfolgt. Allerdings sind hier die Gegenstände des täglichen Gebrauchs ausgenommen. Das sind dann in der Regel Kleidung, der hauptsächlich genutzte Pkw, der Computer, Fernseher etc. Im Wesentlichen sollen hier nur Spekulationsgeschäfte mit z.B. Schmuck, Münzen und Gold aber auch Kryptowährungen besteuert werden.

Nach dem geklärt ist, welche Verkäufe grundsätzlich zu besteuern sind, ergibt sich noch die Frage, wie der Gewinn aus solchen Spekulationsgeschäften ermittelt wird.

Im Rahmen der Gewinne bei Kapitaleinkünften (§ 20 Abs. 2 EStG) haben wir bereits die Grundlage der steuerlichen Ermittlung von Veräußerungsgewinnen kennen gelernt. Der Gewinn (oder Verlust) ist der Saldo aus Veräußerungspreis abzüglich der Anschaffungskosten gemindert um die Veräußerungsnebenkosten.

Der Veräußerungspreis umfasst alles was für das Produkt erhalten wird also Geld, Rentenleistung inklusive des Wertes von Tauschgütern.

Zu den Anschaffungskosten gehören auch die ursprünglichen Anschaffungsnebenkosten wie beispielsweise die Grunderwerbsteuer und die Notarkosten beim Immobilienkauf oder die Versandkosten beim Goldkauf.

Beispiel:
Erwerb von Goldschmuck (35g) für 1.200 € am 7. Januar 2020.
Beim Händler gibt es dafür am 15. Februar 2020 einen Goldbarren mit einer Feinunze (31,103g) und 150 € in bar. Der Wert der Feinunze liegt zu dem Zeitpunkt für das Beispiel bei 1.350 €.
Insgesamt wurde so ein Spekulationsgewinn in Höhe von 300 € erzielt (1.350 € + 150 € abzgl. 1.200 €).

Bei den Anschaffungskosten ist zu berücksichtigen, dass diese um eventuelle Abschreibungen gemindert werden. Wenn eine vermietete Immobilie bereits fünf Jahre gehalten wurde in dieser Zeit 10.000 € Abschreibungen im Rahmen der Einkünfte aus Vermietung & Verpachtung berücksichtigt worden sind, dann mindern diese Abschreibungen die zu berücksichtigen Anschaffungskosten (zu berücksichtigen sind insofern die fortgeführten Anschaffungskosten).

Das kann dazu führen, dass ein bebautes Grundstück, dass 9 Jahre lang gehalten wurde und zum gleichen Preis verkauft wird, zu dem es auch erworben wurde trotzdem einen steuerpflichtigen Spekulationsgewinn in Höhe der in Anspruch genommenen Abschreibungen auslöst.

Auch hier gibt es wieder eine Vielzahl von Sondertatbeständen wie z.B. die verdeckte Einlage in eine Kapitalgesellschaft, Verkauf aus dem Betriebsvermögen von vorher eingelegten Wirtschaftsgütern, abweichende Anschaffungskosten bei vorhergehender Entnahme etc. Aber diese sind m.E. zum Grundverständnis der privaten Veräußerungsgeschäfte nicht notwendig.

Der wichtigste Bereich sind die Fristen. Wer eine Immobilien nach 9,5 Jahren ohne Not mit Gewinn verkauft, tut sich damit keinen Gefallen. Ein halbes Jahr später hätte dies keine Steuer mehr ausgelöst.
Wer eine vorher privat genutzte Immobilie innerhalb der Spekulationsfrist verkauft, aber zwei Jahre vor Verkauf auszieht, hat sich wohl auch eher vorher zu wenig Gedanken gemacht.

In manchen Fällen kann es dagegen sinnvoll sein absichtlich noch innerhalb der Spekulationsfrist zu verkaufen, um einen steuerlichen Verlust zu realisieren, der künftige Gewinne aus Veräußerungsgeschäften mindert.

Das betrifft dann vor allem den Bereich der Kryptowährungen. Es kann sich lohnen den hohen Verlust mit Bitcoin innerhalb der Jahresfrist zu realisieren. Selbst wenn direkt nach Verkauf wieder Bitcoin erworben werden sind die Verluste steuerlich dann zumindest nicht komplett verloren. Hier kann eine sinnvolle Strategie sehr viele Steuern sparen.

Gewinn aus Spekulationsgeschäften sind von der Besteuerung ausgenommen, wenn diese bei insgesamt unter 600 € im Jahr liegen.

Allerdings gibt es auch hier wieder ähnlich wie bei den Verlusten bei Verkäufen im Rahmen der Kapitaleinkünfte Beschränkungen bei der Verlustverrechnung. Der Spekulationsverlust mit z.B. Kryptowährungen oder Immobilien, soll nicht auf die Gesamtheit der Steuerzahler umgelegt werden und darf daher nicht mit anderen Einkünften verrechnet werden. Allerdings können solche Verluste mit anderen Gewinnen aus Spekulationsgeschäften verrechnet werden – mit Gewinnen des gleichen Jahres, des vorangegangen Jahres oder mit Gewinnen künftiger Jahre.

Verkäufe innerhalb der Spekulationsfrist (10 Jahre bei Immobilien, 1 Jahr bei beweglichen Vermögensgegenständen) unterliegt grundsätzlich der Besteuerung.
Der Veräußerungsgewinn errechnet sich aus:
Veräußerungspreis
abzgl. Veräußerungsnebenkosten (selbst getragene)
abzgl. Fortgeführte Anschaffungs- oder Herstellungskosten (inkl. Anschaffungsnebenkosten, aber abzüglich steuerlich geltend gemachter Abschreibungen)

5.3. Gelegenheitsgeschäfte und weitere

Unter die Nummer 3 fallen sogenannte Gelegen-
heitsgeschäfte. Also die ab und an kurzfristige Vermietung von beweglichen Gegenständen (z.B. den
Pkw während der vier Wochen Urlaub im Ausland)
oder einmalige Vermittlungstätigkeiten (öfter kann zu
gewerblichen Einkünften führen, die dann Vorrang
haben). Solche Einkünfte sind bis zu 256 € pro Jahr
steuerfrei. Wer beispielsweise ein Nummernschild
mit Werbung für seinen Arbeitgeber oder befreunde-
ten Unternehmer an sein Auto anbringt und dafür
250 € im Jahr bekommt, der kann diese steuerfrei
einstreichen. Sollten hieraus Verluste entstehen,
dann sind diese nur mit Gewinnen aus ähnlichen Geschäften verrechenbar (analog den Spekulationsgeschäften).

Unter die Nummer 4 fallen teilweise die Bezüge von
Abgeordneten (Land, Bund und Europa).

Unter den letzten Punkt der Nummer 5 fallen dann
alle weiteren Leistungen aus Altersvorsorgeverträ-
gen, Pensionsfonds, Pensionskassen und Direktversi-
cherungen, die nicht unter einen anderen Paragrafen
oder eine andere Nummer des § 22 EStG fallen.

6. Außerhalb der Einkunftsarten

Alle Einnahmen, die sich keiner der sieben Einkunftsarten zuordnen lassen, unterliegen auch nicht der
Besteuerung.

Die Grenzen, damit an einer Einnahme der deutsche
Fiskus keinen Anteil haben will sind eng, so fällt beispielsweise das Sammeln von Leergut unter die gewerblichen Einkünfte, sofern dieses regelmäßig bzw.
professionell betrieben wird.

Nach § 24 EStG gehören zu den jeweiligen Einnahmen
auch solche, die beispielsweise als Ersatz für entgan-
gene Einnahmen (Versicherungsentschädigung bei
Stromunterbrechung bei einer Photovoltaik-Anlage)
oder für eine ehemaligen Tätigkeit gezahlt werden.

Die Liebhaberei fällt klassisch in den unbesteuerten
Bereich, jedoch ist dies ein Thema, welches maßgeblich bei den Gewinneinkünften Anwendung findet.
Wird eine Tätigkeit betrieben, die zwar die grundsätzlichen Einordnungen eines Gewerbebetriebs, der
Land- und Forstwirtschaft oder einer selbstständigen
Tätigkeit (z.B. Künstler) erfüllen. Scheitert es jedoch
an der objektiven Gewinnerzielungsabsicht (tatsächlich werden Verluste erzielt) und hat der Betrieb Be-
rührungspunkte zu privaten Bereichen, dann kann
dies zur Liebhaberei gehören.

Die Verluste, aber auch etwaige Gewinne in einzelnen Jahren unterliegen dann nicht der Einkommensteuer.

7. Abstecher ins internationale Steuerrecht

7.1. Grundlagen und Doppelbesteuerungsabkommen

Im ersten Kapital des Buches bin ich bereits darauf eingegangen, dass jemand der unbeschränkt steuerpflichtig ist sein gesamtes Welteinkommen der Besteuerung des deutschen Fiskus unterwerfen muss.

Andersherum sind Personen, die nicht der unbeschränkten Steuerpflicht unterliegen mit ihren in Deutschland erzielten Einkünften in Deutschland steuerpflichtig.

Auch andere Staaten haben ähnliche Regelungen.

Als Beispiel nehmen wir den unbeschränkt steuerpflichtigen Deutschen, der sich von seinem Angestelltengehalt eine Wohnung in Spanien geleistet hat. Diese soll in ein paar Jahren Altersruhesitz werden und bis dahin vermietet werden.

In Spanien greift je nach Höhe der Einkünfte ein progressiver Steuersatz. Gehen wir hier von 37% aus. In Deutschland wird ein hohes Einkommen erzielt und auch hier liegt der Grenzsteuersatz dann bei 42%.

Ohne weitere Regelungen würden die Staaten also 79% der Einkünfte als Steuern abzweigen.

Um dies zu verhindern, gibt es die sogenannten Doppelbesteuerungsabkommen (genauer gesagt Abkommen zur Vermeidung der Doppelbesteuerung). Nicht mit jedem Staat hat die Bundesrepublik Deutschland solche Abkommen, jedoch mit sehr vielen.

Als erstes wird die grundsätzliche Ansässigkeit einem Staat zugeordnet, welcher dann umfangreichere Besteuerungsrechte hat. In der Regel ist dies der Staat, wo der Lebensmittelpunkt liegt.

Nun gibt es zwei Methoden, um eine doppelte Besteuerung zu vermeiden – die Anrechnung und die Freistellung.

Bei der Anrechnung unterliegen die Einkünfte in beiden Staaten der vollen Besteuerung. Allerdings wird der Ansässigkeitsstaat, die im anderen Staat bereits gezahlte Steuer auf die eigene Steuerschuld anrechnen und so die Steuer mindern.

Bei der Freistellung werden die Einkünfte nur in einem Staat besteuert und sind im anderen komplett steuerfrei. Auch hier gibt es wie im Steuerrecht so üblich noch weitere Besonderheiten. Teilweise fließen solche Einkünfte – zumindest in Deutschland – bei der Berechnung des Steuersatzes mit ein ("Progressionsvorbehalt").

Teilweise werden auf solche Einkünfte (insbesondere bei Dividenden) sogenannte Quellensteuern erhoben, die in teils komplizierten Verfahren selbst zurückgeholt werden müssen.

7.2.   Inbound und Outbound

Unter Inbound sind die in Deutschland steuerbaren Einkünfte einer im Ausland ansässigen Person zu verstehen.

Outbound umfasst dagegen den Bereich der ausländischen Einkünfte einer unbeschränkt steuerpflichtigen Person.

Einleitend wurde die Grundsystematik kurz genannt und im ersten Kapitel des Buches hatte ich die Einordnung beschränkte / unbeschränkte Steuerpflicht angesprochen.

Der § 49 EStG enthält eine detaillierte Aufzählung, wann bestimmte Einkünfte als inländische Einkünfte gelten.

Dies ist beispielsweise im Bereich der Einkünfte aus nicht selbstständiger Arbeit dann der Fall, wenn die Tätigkeit tatsächlich in Deutschland ausgeübt wird oder die Tätigkeit eines Geschäftsführers einer in Deutschland ansässigen Kapitalgesellschaft, auch wenn diese Tätigkeit tatsächlich im Ausland ausgeübt wird.[43]

---

[43] § 49 Abs. 1 Nr. 4 EStG.

Bei Kapitaleinkünfte liegt dann ein solcher Inlandsbezug vor, wenn beispielsweise die Gesellschaft, welche Dividenden ausschüttet in Deutschland ansässig ist, oder wenn Zinsen eingenommen werden, aus einer Forderung, die mit einer Grundschuld auf einem in Deutschland liegenden Grundstück besichert ist.[44]

Renten sind jedenfalls dann inländische Einkünfte, wenn diese von der Deutschen Rentenversicherung gezahlt werden.[45]

Die privaten Veräußerungen von in Deutschland liegenden Grundstücken fallen ebenfalls in den Bereich der inländischen Einkünfte.[46]

Daneben enthält der § 34d EStG eine Aufzählung wann Einkünfte als ausländische Einkünfte zählen. Die Kriterien sind grundsätzlich analog. Jedoch ist die Unterscheidung maßgeblich.

Einkünfte einer unbeschränkt steuerpflichtigen Person, die nicht ausdrücklich ausländisch sind, sind im Umkehrschluss inländisch.

Einkünfte einer beschränkt steuerpflichtigen Person, die nicht ausdrücklich inländisch sind, sind im Umkehrschluss ausländisch.

---

[44] § 49 Abs. 1 Nr. 5 EStG.
[45] § 49 Abs. 1 Nr. 7 EStG.
[46] § 49 Abs. 1 Nr. 8 EStG.

Diese beispielhafte Aufzählung soll nur ein paar Kriterien deutlich machen nach denen entschieden wird, ob inländische oder ausländische Einkünfte und damit mögliche Inbound- bzw. Outbound-Fälle vorliegen. Vor allem macht es auch ein wenig deutlich, warum ein Outbound Fall schnell vorliegen kann. Wer Aktien von Unternehmen im Ausland z.B. US-Aktien oder Schweizer-Aktien hält und daraus Dividenden bekommt, der erzielt bereits ausländische Einkünfte.

Bei Outbound-Fällen hängt es maßgeblich davon ab, ob und welches Abkommen zur Vermeidung der Doppelbesteuerung anwendbar ist. Beispielsweise werden US-Quellensteuern auf Aktien sehr leicht angerechnet – insbesondere, wenn man die Aktien über eine ausländische Bank hält. Bei anderen Staaten wie z.B. der Schweiz oder Frankreich sind dagegen noch Anträge außerhalb des normalen Besteuerungsverfahrens notwendig um etwaig zu viel gezahlte / einbehaltene (Quellen)Steuern zurückzubekommen. Wir haben bereits gelernt, dass grundsätzlich das Welteinkommen bei unbeschränkter Steuerpflicht der Besteuerung in Deutschland unterliegt. Dieses Prinzip wird nur überlagert, wenn ausländische Einkünfte zur Vermeidung einer Doppelbesteuerung nicht in Deutschland besteuert werden dürfen. Aber selbst dann unterliegen solche Einkünfte oftmals dem Progressionsvorbehalt (siehe Kapitel 10) d.h. diese beeinflussen den Steuersatz.

Bei Inbound-Fällen unterliegen grundsätzlich nur die inländischen Einkünfte der deutschen Besteuerung, d.h. auf die ausländischen Einkünfte bekommt der deutsche Fiskus keine Steuern (beschränkte Steuerpflicht). Bei der beschränkten Steuerpflicht ist allerdings zu beachten, dass auch Verluste im Zusammenhang mit ausländischen Einkünften grundsätzlich nicht zu berücksichtigen sind. Außerdem sind bei der Berechnung des Steuersatzes das Existenzminimum sowie Sonderausgaben und außergewöhnliche Belastungen nicht zu berücksichtigen.

Zur Einordung der inländischen bzw. ausländischen Einkünfte ist auf einen etwaigen Inlandsbezug zu achten. Ausländische Einkünfte (Outbound) können in Deutschland teilweise steuerfrei sein bzw. eine Doppelbesteuerung wird durch Anrechnung von im Ausland gezahlten Steuern vermieden. Hier sollte unbedingt darauf geachtet werden, dass Einkünfte nicht mehrfach und in Summe zu hoch in mehreren Staaten besteuert werden.
Inländische Einkünfte einer nicht der unbeschränkt steuerpflichtigen Person unterliegen in Deutschland der Besteuerung (Inbound).

7.3. Steuerflucht und die erweiterte beschränkte Einkommensteuerpflicht

Die Besteuerung des Welteinkommens und verlockend niedrigere Steuersätze in anderen Staaten lassen oftmals den Gedanken aufkommen, dass ein Entkommen vom deutschen Fiskus hilfreich sein könnte.

Eine Steuerflucht sollte jedoch gut „geplant" sein. Nicht nur für Unternehmer und Gesellschaften (Gewinneinkünfte), die sehr harten Vorgaben unterliegen, sondern auch für Privatpersonen mit den weiter vorn im Buch beschriebenen Einkünften ist eine Planung und Kenntnis der deutschen Steuergesetze entscheidend. Wobei das Stichwort Planung nicht zu weit gehen sollte, da jede absichtliche Struktur zur Umgehung von Steuertatbeständen durch den § 42 AO kassiert werden könnte.

Beispielsweise führt ein vollständiger Wegzug (Wegfall Wohnsitz, gewöhnlicher Aufenthalt) dazu, dass Anteile an Kapitalgesellschaften (Anteil mindestens 1%) als veräußert geltend.

Aber der deutsche Staat hat sich noch ein weiteres Instrument vorbehalten. Wenn mehrere Bedingungen erfüllt werden, dann unterliegt für eine gewisse Zeitdauer weiterhin das Welteinkommen der erweiterten beschränkten Steuerpflicht in Deutschland nach § 2 des Außensteuergesetzes. Da bei der be-

74

schränkten Steuerpflicht (auch bei der erweiterten) die Sonderausgaben, außergewöhnliche Belastungen und das Existenzminimum nicht steuermindernd wirken, kann dies im Ergebnis zu einer höheren Steuerlast führen.

Ein Risiko besteht dann, wenn die folgenden Bedingungen erfüllt sind:
- Zum Zeitpunkt des Wegzugs (Wegfalls der unbeschränkten Steuerpflicht) muss in den zehn Jahren davon mindestens für fünf Jahre eine beschränkte Steuerpflicht bestanden haben und
- die neue Ansässigkeit muss in einem Niedrigsteuerland sein und
- es müssen wesentliche inländische (deutsche) Interessen vorliegen.

Ein Niedrigsteuerland liegt dann vor, wenn die Steuer in dem Land auf ein Einkommen von 77.000 € (Maßstab ledig und kinderlos) weniger als 2/3 der deutschen Einkommensteuer beträgt. In 2020 liegt der Einkommensteuersatz auf 77.000 € zu versteuerndem Einkommen bei 30,36%, d.h. ein Niedrigsteuerland liegt vor, wenn der Steuersatz dort weniger als 20,24% beträgt.

Dies kann aber auch erfüllt sein, wenn eine Vorzugsbesteuerung vorliegt, die zu einer entsprechend niedrigen Steuer führt. Beispielsweise kann dies für Japan gelten, bei denen in der Anfangszeit nur soweit eine Besteuerung eintritt wie auch Geld nach Japan eingeführt wird.

Inländische Interessen können unter drei Merkmalen vorliegen (eins muss nur erfüllt sein).

a) Stellung als Unternehmer in Deutschland bzw. Mitunternehmer (Beteiligter einer Personengesellschaft jedoch als Kommanditist nur bei einer Beteiligung von 25%).

b) Mehr als 30% der gesamten Einkünfte oder mindestens 62.000 € (kleinerer Wert zählt) sind nicht ausländische Einkünfte.

c) Mehr als 30% des Gesamtvermögens oder mindestens 154.000 € (kleinerer Wert zählt) sind nicht dem Ausland zuordnen. Für die Frage der Zuordnung ist maßgeblich, ob Erträge aus diesem Vermögen als ausländische Einkünfte oder nicht zählen.

Interessanterweise bezieht sich das Gesetz auf den § 34d EStG und den Schluss, dass insoweit nicht ausländische Einkünfte / Vermögen vorliegen soll. Es ist nicht die Voraussetzung, dass inländisches Vermögen vorliegen muss. Also Vermögen und Einkünfte, die ggf. keinem Staat zuzuordnen sind (nicht als ausländische Einkünfte gelten) sind hier mit einzubeziehen.

Die erweiterte beschränkte Einkommensteuerpflicht dauert – solange die Einkommens- oder Vermögensvoraussetzungen erfüllt sind – für zehn Jahre an.

Aber auch hier ist Vorsicht geboten. Wer seine inländischen Interessen aufgibt, wegzieht und zwei Jahre später eine Immobilie im Wert von mindestens 154.000 € in Deutschland erwirbt, fällt ab diesem

Zeitpunkt bis zum Ablauf der zehn Jahre seit Wegzug in die erweiterte unbeschränkte Steuerpflicht zurück. Wobei ja nicht nur der geplante Erwerb, sondern auch beispielsweise der Erwerb per Erbschaft zu dem Ergebnis führen würde.

Wer dem deutschen Fiskus entkommen will, sollte also die notwendigen Voraussetzungen kennen und gut planen. Ohne Aufgabe der inländischen Interessen besteht für zehn Jahre das Risiko, dass weiterhin auf große Teile des Welteinkommens deutsche Einkommensteuern zu zahlen sind.

8. Sonderausgaben

8.1. Altersvorsorge

Erstmals in diesem Buch weiche ich auch innerhalb einer Vorschrift von der gesetzlichen Reihenfolge ab, weil diese m.E. durch die vielen Gesetzesänderungen mittlerweile unsystematisch und schwer nachvollziehbar ist.

Auf die alte Rechtslage, die aufgrund der Günstigerprüfung in Einzelfällen immer noch zur Anwendung kommt, gehe ich nicht weiter ein. Das Finanzamt prüft dies automatisch von Amts wegen (dies ist auch ohne Antrag so vorgesehen).

Zu den als Sonderausgaben zu den berücksichtigten Aufwendungen gelten die Zahlungen in die gesetzliche Rentenversicherung, in die landwirtschaftliche Alterskasse, in berufsständische Versorgungswerke und außerdem – wenn auch etwas kompliziert im Gesetz formuliert – in zertifizierte Rürup-Verträge.

Alle diese Aufwendungen werden zusammengezählt (inkl. etwaiger Arbeitgeberanteile in die gesetzliche Rentenversicherung). Diese sind bis zu einem Höchstbetrag, der von verschiedenen Faktoren abhängt und sich aktuell jährlich erhöht begrenzt. Für 2019 lag dieser noch bei 24.305 €. Die Summe bzw. der Maximalbetrag wird dann auf einen Faktor gekürzt, der vom Veranlagungsjahr abhängig ist (2019 88%, 2020 90%, d.h. jedes Jahr +2% und ab 2025 keine Kürzung mehr). Von diesem gekürzten Betrag wird dann der steuerfrei erhaltene Arbeitgeberanteil (in voller Höhe abgezogen). Der restliche Betrag ist als Sonderausgabe abziehbar.[47]

Beispiel (Jahr 2020):
Arbeitnehmeranteil gesetzliche Rentenversicherung 5.000 €
Arbeitgeberanteil gesetzliche Rentenversicherung 5.000 €
Einzahlung in Rürup-Vertrag 2.000 €

Gesamt 12.000 € (< Höchstbetrag) * 90% = 9.600 €
abzgl. Arbeitgeberanteil 5.000 €= 4.600 € abziehbar.

Wem es unfair vorkommt, dass die Summe nur Anteil berücksichtigt wird und der Arbeitgeberanteil vollständig abgezogen wird. Nun ja dafür gibt es eine Rechtfertigung im Hinblick auf der Steuerfreiheit der Renten. M.E. ist es aber gut, dass dieses Ungleichgewicht und Benachteiligung ab 2020 wegfallen.

Da Renten bei einem späteren Rentenbeginn höher oder voll besteuert werden, als jetzt durch Sonderausgaben abziehbar ist, kann es dadurch zu einer rechtswidrigen Doppelbesteuerung kommen. Diese nachzuweisen, wird jedoch sehr aufwendig sein.

---

[47] § 10 Abs. 1 Nr. 2 i.V.m. Abs. 2 bis 3 EStG.

8.2. Kranken- und Pflegeversicherung sowie Zusatz- und Risikoabsicherungen

Eine weitere Art von Sonderausgaben, die nahezu jeder in Deutschland hat, sind Kranken- und Pflegeversicherungsbeiträge.

Abziehbar ist die erforderliche Basisabsicherung lt. Sozialgesetzbuch. Das heißt die gesetzliche Krankenversicherung und von der privaten Krankenversicherung die Basisabsicherung (wird auch so ausgewiesen). Etwaige Zusatzversicherungen bzw. über die Basisabsicherung hinausgehende Beträge sind ggf. als sonstige Sonderausgaben abziehbar. Für Arbeitnehmer (Anspruch auf Krankengeld) wird der Betrag um 4% gekürzt.
Die Pflegeversicherungsbeiträge sind voll anzusetzen.[48]

Grundsätzlich sind nur die eigenen Beiträge anzusetzen (ggf. aber auch für Kinder und Ehegatten bei Familienversicherungen) d.h. jedoch nicht die Arbeitgeberanteile.

Diese Basisabsicherung inklusive Pflegeversicherung ist dann als Sonderausgabe zu berücksichtigen.

Zusatzkrankenversicherungen und Risikoabsicherungen wie Beiträge Kapitallebensversicherung, Haft-

---

[48] § 10 Abs. 1 Nr. 3 EStG.

pflichtversicherungen, Arbeitslosenversicherungen usw. (abschließende Aufzählung im § 10 Abs. 1 Nr. 3a EStG) wirken sich nur aus, wenn die Beiträge zur Basisabsicherung die Höchstbeträge nicht überschreiten.

Der Höchstbetrag für die o.g. Sonderausgaben liegt bei Arbeitnehmern (Anspruch auf Krankengeld / Arbeitgeberbeiträge) bei 1.900 € pro Jahr (und Person d.h. bei Ehegatten doppelt zu berücksichtigen) und bei allen anderen bei 2.800 € pro Jahr. In vielen Fällen wirken sich daher die zusätzlichen Versicherungen zumindest steuerlich nicht aus.[49]

Die Basisabsicherung zur Gesundheitsvorsorge ist in jedem Fall zu mindestens 96% als Sonderausgabe abzugsfähig. Weitere Risikoversicherungen wirken sich nur im Rahmen der Höchstbeträge von 1.900 € bzw. 2.800 € pro Jahr aus. Es lohnt sich also oftmals nicht auch noch die letzte Versicherung in die Steuererklärung einzutragen.

---

[49] § 10 Abs. 4 EStG.

8.3. Unterhalt und andere Dauerleistungen

8.3.1. (Ex)Ehegattenunterhalt

Der erste Bereich der als Sonderausgaben abziehbaren Unterhaltsleistungen umfasst die Zahlungen an den geschiedenen oder den dauernd getrenntlebenden unbeschränkt einkommensteuerpflichtigen Ehegatten.[50]

In diesem Teilsatz aus dem Gesetz sind bereits die wesentlichen Voraussetzungen definiert.
Die Ehegatten müssen entweder geschieden sein oder die Ehegatten müssen dauerhaft getrennt leben i.S.d. § 1567 BGB.
Es muss sich um Unterhaltsleistungen im zivilrechtlichen Sinne handeln.
Der empfangende Ehegatte (Unterhaltsempfänger) muss in Deutschland der unbeschränkten Steuerpflicht unterliegen.

Sind diese grundsätzlichen Voraussetzungen erfüllt, dann braucht es noch eine weitere Bedingung, die oftmals am schwierigsten zu erfüllen ist. Der Unterhaltsempfänger muss dem Sonderausgabenabzug zustimmen. Diese Zustimmung ist schriftlich zu ereilen und für das erteilte Jahr ist diese unwiderruflich. Außerdem darf die Zustimmung nur mit Wirkung für die Zukunft widerrufen werden. Wenn also diese

---

[50] § 10 Abs. 1a Nr. 1 EStG.

Zustimmung ab 2021 nicht mehr gelten soll, dann muss der Widerruf bis Ende 2020 erklärt werden.

Diese Zustimmung ist deshalb schwierig, weil die erhaltenen Unterhaltszahlungen, dann – und nur dann – beim Unterhaltsempfänger als sonstige Einkünfte der Besteuerung unterliegen.

Verweigert der (ehemalige) Ehegatte die Zustimmung gibt es die Möglichkeit eines Rechtsstreites. Alternativ wird in der Praxis auch entweder die Steuerlast des Unterhaltsempfängers aus der Rente durch den Geber übernommen oder der Steuervorteil des Gebers aufgeteilt.

Maximal sind so 13.805 € an Unterhalt pro Kalenderjahr abziehbar.

Ein weiterer Bereich, der den Ehegattenunterhalt berührt ist der Versorgungsausgleich. Im Rahmen einer Ehescheidung sind die erworbenen Altersversorgungen (gesetzliche Rentenversicherung, Versorgungswerke etc.) jeweils zur Hälfte aufzuteilen. Soweit Zahlungen erfolgen zur Vermeidung des Versorgungsausgleichs oder im Rahmen des Versorgungsausgleichs sind diese als Sonderausgaben abzugsfähig. Der Empfänger muss auch diese Zahlungen als sonstige Einkünfte besteuern.[51]

---

[51] § 10 Abs. 1a Nr. 3 u. Nr. 4 EStG.

8.3.2. Versorgungsleistungen im Rahmen der vorweggenommenen Erbfolge

Der Bereich der Unterhaltsleistungen im Rahmen der vorweggenommenen Erbfolge besteht aus zwei großen Teilbereichen, durch die Voraussetzungen definiert werden.

Der Einstieg lautet wie folgt:

„[...] auf besonderen Verpflichtungsgründen beruhende, lebenslange und wiederkehrende Versorgungsleistungen, die nicht mit Einkünften in wirtschaftlichem Zusammenhang stehen, die bei der Veranlagung außer Betracht bleiben, wenn der Empfänger unbeschränkt einkommensteuerpflichtig ist."[52]

Es sind demnach also solche Zahlungen als Sonderausgaben abzugsfähig die:

-   auf einem zivilrechtlich wirksamen Vertrag beruhen („besondere Verpflichtungsgründe") und
-   dem Empfänger auf Lebenszeit regelmäßig zufließen und
-   die Leistung muss Versorgungscharakter haben und
-   keine Betriebsausgaben für nicht steuerbare / steuerfreie Einkünfte des Unterhaltsleistenden sind und
-   der Empfänger der unbeschränkten Einkommensteuerpflicht in Deutschland unterliegt.

---

[52] § 10 Abs. 1a Nr. 2 Satz 1 EStG.

Diese gesamten Voraussetzungen reichen jedoch noch nicht aus, da das zu Stande kommen dieser Versorgungsleistung entscheidend ist.

Nur wenn die o.g. besondere Verpflichtung eingegangen wurde im Rahmen

- der Übertragung eines (Teil)Betriebs, d.h. eines Gewerbebetriebs, einer freiberuflichen Praxis (o.ä.), eines Land- und Forstwirtschaftsbetriebs etc. oder
- der Übertragung eines Mitunternehmeranteils, wenn die Gesellschaft einen der o.g. Betriebe betreibt oder
- der Übertragung von mindestens 50% an einer GmbH bei gleichzeitiger Übergabe der Geschäftsführertätigkeit.[53]

Wenn eine solche Übertragung gegen eine Versorgungsleistung stattgefunden hat, dann löst diese Übertragung grundsätzlich keine Einkommensbesteuerung aus (ggf. Schenkungsteuer). Es muss sich um eine Versorgungsleistung handelt, weil es gerade darum gehen soll ein Unternehmen an einen Nachfolger zu übergeben und dieses gerade nicht zum Marktpreis zu verkaufen.

Soweit die Zahlungen im Rahmen einer als entgeltlich geltenden Übertragungen erfolgen (lebenslange Kaufpreiszahlung unter fremden Dritten), dann sind

---

[53] § 10 Abs. 1a Nr. 2 Satz 2 EStG.

diese vorrangig den Betriebsausgaben (Vorrang vor der Einordung als Sonderausgaben).

Wenn also eine steuerlich begünstigte Übertragung stattgefunden hat, dann handelt es sich im steuerlichen Sinne um eine vorweggenommene Erbfolge (Vermögensübertragung zu Lebzeiten). Der Empfänger muss die dadurch erhaltenen Zahlungen als sonstige Einkünfte versteuern.

Da in der Regel der Empfänger durch die Leistungen abgesichert werden soll, hat dieser regelmäßig einen niedrigeren Steuersatz als derjenige der das Unternehmen weiter betreibt. Insofern bieten sich solche Leistungen zur steueroptimierten Übertragung von Vermögen an.

Wer Vermögen im Rahmen einer vorweggenommenen Erbfolge übertragen will, kann dies durch Ausnutzung der Steuergesetze begünstigt tun und auch nachhaltig Steuervorteile sichern. Allerdings greifen hierbei mindestens die Erbschaft-/Schenkungsteuer, die Ertragsteuern, die Umsatzsteuer und die Grunderwerbsteuer ineinander, sodass sich vorhergehender professionellen Rat in diesem Bereich lohnt.

8.4. Weitere abziehbare Sonderausgaben

Daneben sind noch weitere Ausgaben als Sonderausgaben abziehbar. Diese werden nachfolgend aufgezählt und kurz erläutert.

Die gezahlten Kirchensteuern (inkl. Kirchensteuer, die vom Arbeitslohn einbehalten wurde, jedoch ohne die Kirchensteuer zur Kapitalertragsteuer) abzüglich etwaiger Erstattungen. Hierbei ist das Zufluss- / Abflussprinzip streng zu berücksichtigen. Eine im Jahr 2020 zugeflossene Kirchensteuererstattung im Rahmen der Einkommensteuererklärung für 2018, wird in 2020 insoweit quasi als negative Sonderausgabe.[54]

Kinderbetreuungskosten sind unter bestimmten Bedingungen abziehbar, jedoch nur zu 2/3 der Aufwendungen und maximal bis zu 4.000 € im Jahr. Voraussetzungen dafür sind, dass das Kind zum eigenen Haushalt gehört (also bei dem Elternteil lebt, welches den Abzug begehrt), das Kind nicht älter als 14 Jahre ist (oder bis 25 Jahre, wenn das Kind aufgrund einer körperlichen oder seelischen Behinderung außer Stande ist, sich selbst zu unterhalten) und es sich lediglich um Betreuungskosten handelt. Der Unterricht durch einen Hauslehrer, Musikunterricht (Vermittlung besonderer Fähigkeiten) oder sportliche Aktivitäten sind nicht begünstigt. Außerdem muss

---

[54] § 10 Abs. 1 Nr. 4 EStG.

eine Rechnung vorliegen und die Rechnung muss per Überweisung an den Betreuer gezahlt werden.[55]

Aufwendungen für die eigene Berufsausbildung (Erstausbildung / Erststudium) als Sonderausgaben abziehbar. Hierbei sind die Grundlagen der Werbungskosten und etwaige Abzugsbeschränkungen z.B. für ein häusliches Arbeitszimmer zu beachten. Aufgrund der unter Steuerberechnung genannten Systematik und der Begrenzung bei Verlustverrechnungen, kann es vorkommen, dass sich diese Sonderausgaben überhaupt nicht auswirken. Maximal sind im Jahr 6.000 € als Sonderausgaben hierfür zu berücksichtigen.[56]

Außerdem abziehbar ist Schulgeld (ohne einen Anteil für Verpflegung) bis zu einem Betrag von 5.000 € pro Kind im Kalenderjahr. Voraussetzung dafür ist, dass die Schule im Deutschland oder im EWR-Raum liegt und als den öffentlichen Schulen gleichwertig anerkannt ist oder einen entsprechenden Abschluss vermittelt.[57]

Abziehbar sind daneben Spenden für steuerbegünstigte Zwecke (gemeinnützige, kirchliche, kulturelle Zwecke etc.) und für Parteien. Voraussetzung ist jeweils, dass eine ordnungsgemäße Spendenbescheinigung vorliegt. Teilweise sind nur tatsächliche Spen-

---

[55] § 10 Abs. 1 Nr. 5 EStG.
[56] § 10 Abs. 1 Nr. 7 EStG.
[57] § 10 Abs. 1 Nr. 9 EStG.

den nicht aber die Mitgliedsbeiträge z.B. bei Sport-
vereinen oder Karnevalsvereinen abziehbar. Die Mitgliedsbeiträge, die nicht abziehbar sind, sind im Gesetz direkt genannt. Die Spenden müssen an einen
Zuwendungsempfänger in Deutschland oder im EWR-
Raum gehen. Abziehbar sind solche Spenden bis zur
Höhe von 20% vom Gesamtbetrag der Einkünfte (siehe Kapitel Steuerberechnung). Ein darüberhinausge-
hender Betrag kann in gewissen Grenzen in Folgejah-
ren berücksichtigt werden (Spendenvortrag).
Spenden an politische Parteien sind bis zu einem
Betrag von 1.650 € (3.300 € bei zusammen veranlagten Ehegatten) abziehbar, sofern diese nicht günstiger als Steuerermäßigungen berücksichtigt werden
(siehe Kapital Steuerermäßigungen).[58]

Sofern keine der hier genannten Sonderausgaben
angefallen sind, dann ist ein Pauschbetrag in Höhe
von 36 € (72 € bei Ehegatten) zu berücksichtigen.[59]
Das hat zur Folge, dass eine Spende in Höhe von 30 €
im Kalenderjahr wird sich steuerlich gar nicht aus-
wirkt. Auch eine Spende von z.B. 50 € wirkt lediglich
in Höhe von 14 € tatsächlich steuermindernd.

---

[58] § 10b EStG.
[59] § 10c EStG.

9. Außergewöhnliche Belastungen

9.1. Allgemeine Einordnung und Voraussetzungen

Die außergewöhnlichen Belastungen sind definiert als „zwangsläufig größere Aufwendungen als der überwiegenden Mehrzahl der Steuerpflichtigen gleicher Einkommensverhältnisse, gleicher Vermögensverhältnisse und gleichen Familienstands".[60]

Die Kosten müssen außergewöhnlich sein, weil alle anderen Aufwendungen bereits im Steuergesetz (Existenzminimum, Werbungskosten, Sonderausgaben usw.) eingepreist sind. Dies ergibt sich insofern auch aus dem Vorrang des anderweitigen Abzugs gegenüber den außergewöhnlichen Belastungen.[61]

Zwangsläufig in diesem Sinne bedeutet, dass der Verpflichtete sich „aus rechtlichen, tatsächlichen oder sittlichen Gründen nicht entziehen kann und soweit die Aufwendungen den Umständen nach notwendig sind und einen angemessenen Betrag nicht übersteigen." [62]

---

[60]§ 33 Abs. 1 EStG.
[61]§ 33 Abs. 2 Satz 2 EStG.
[62]§ 33 Abs. 2 Satz 1 EStG.

Zu diesem Bereich gibt es umfangreiche Rechtsprechung und teilweise hat sich die Rechtsmeinung in
den vergangenen Jahren geändert. Aufgrund dessen
beschränke ich mich an dieser Stelle auf eine Aufzählung von Beispielen aus den Richtlinien und Hinwei-
sen zum Gesetz (Verwaltungsauffassung), die jedoch
nicht abschließend ist.

Die Wiederbeschaffungskosten für existenziell not-
wendige Güter wie Hausrat und Kleidung (nicht jedoch für einen Pkw), sofern der Verlust durch ein
unabwendbares Ereignis für Brand, Hochwasser, politische Verfolgung etc. Dies gilt jedoch nicht soweit,
der Schaden sehr hochwertige Güter (Luxus) betrifft
und soweit dieser durch eine Versicherung abgedeckt
ist oder durch eine übliche Versicherung oder
Schutzmaßnahmen hätte abgedeckt werden können
(Hausratversicherung, Austausch einer stark veralte-
ten Gasheizung usw.).

Asbestbeseitigung kann hierunter fallen, hängt aber
von den konkreten Umständen wie der verwendeten
Art und der konkreten Gesundheitsgefährdung ab.

Der behindertengerechte Umbau einer Wohnung
zählt zu den außergewöhnlichen Belastungen. Allerdings fällt der entsprechende Umbau einer Yacht
nicht darunter. Daneben ist abhängig von der Schwe-
re der Behinderung ein pauschaler Ansatz für Fahrtkosten zur Erledigung alltäglicher Dinge ansetzbar.

Die direkten Bestattungskosten jedoch nicht die Aufwendungen für die Trauerfeier (Bewirtung der Trauergäste, Trauerkleidung, Reisekosten), allerdings auch nur soweit diese Aufwendungen nicht aus dem Nachlass bzw. Sterbegeldversicherungen o.ä. bestritten werden können.

Vergebliche Zahlungen, die durch Betrug veranlasst sind, sollen nicht als außergewöhnliche Belastungen abzugsfähig sein, weil es an der Zwangsläufigkeit mangelt (Entschieden im Zusammenhang mit einem Grundstückskauf).

Krankheitskosten wie Arztkosten und für verschriebene Medikamente sind abzugsfähig. Nicht jedoch (theoretisch) für frei verkäufliche Medikamente oder für eine Diätverpflegung. Kosten für eine Kur können nur dann berücksichtigt werden, wenn dies zur Heilung oder Linderung einer Krankheit nachweislich notwendig ist und eine andere Behandlung nicht oder kaum erfolgsversprechend ist (beispielsweise bei Krebspatienten).

Die Kosten für Rechtsstreite sind extra im Gesetz genannt und nur dann abziehbar, wenn es sich um Aufwendungen, ohne die der Steuerpflichtige Gefahr liefe, seine Existenzgrundlage zu verlieren und seine lebensnotwendigen Bedürfnisse in dem üblichen Rahmen nicht mehr befriedigen zu können. [63] Außerdem darf die Prozessführung laut höchstrichterlicher

---

[63] § 33 Abs. 2 Satz 4 EStG.

Rechtsprechung nicht mutwillig erscheinen und ausreichende Aussicht auf Erfolg bieten. Dies ist ein sehr eingeschränkter Rahmen und spiegelt die aktuelle Rechtsauffassung wider wonach Prozesskosten für Zivilprozesse grundsätzlich nicht abziehbar sein sollen. Die Kosten für Ehescheidungsprozesse sind demnach nicht zu berücksichtigen.

Bei all diesen Aufwendungen kommt es jedoch auch noch darauf an, dass eine finale Belastung stattfindet. Kosten die im Rahmen eines gewonnen Rechtsstreits oder über eine Prozesskostenbeihilfe erstattet werden, sind nicht zu berücksichtigen. Gleiches gilt für Kosten, die von Versicherungen übernommen werden, z.B. bei Erstattungen vor Krankenkassen.

Außergewöhnliche Belastungen sind nur auf Antrag abziehbar, d.h. diese müssen dem Finanzamt ausdrücklich mitgeteilt werden.

Der Abzug erfolgt in dem Jahr, in welche die Belastung tatsächlich eingetreten ist d.h. im Jahr der Verausgabung (Bezahlung).

9.2. Zumutbare Belastung

Sind alle unter dem vorhergehenden Punkt genannten Voraussetzungen erfüllt und liegen dem Grunde nach außergewöhnlichen Belastungen vor, dann heißt dies noch nicht, dass diese auch tatsächlich steuermindernd berücksichtigt werden. Durch den Gesetzgeber wurde eine zumutbare Eigenbelastung (den Anteil der außergewöhnlichen Belastungen, den jeder selbst zu tragen hat) definiert und nur der darüberhinausgehende Betrag ist abziehbar.

Die zumutbare Eigenbelastung ist abhängig von der persönlichen Situation und der Höhe der Einkünfte. Im nachfolgenden Kapital zehn zur Berechnung der Steuer wird die Systematik näher erläutert und die Begrifflichkeiten genauer definiert. Die zumutbare Eigenbelastung knüpft an dem Gesamtbetrag der Einkünfte an d.h. vor Berücksichtigung von Sonderausgaben und Kindern. Deshalb ist die zumutbare Eigenbelastung auch von der Anzahl der eigenen Kinder abhängig.

Hierzu gibt es direkt im Gesetz die folgende Tabelle:

bei einem Gesamtbetrag der Einkünfte	bis 15 340 EUR	über 15 340 EUR bis 51 130 EUR	über 51 130 EUR
1. bei Steuerpflichtigen, die keine Kinder haben und bei denen die Einkommensteuer			
a) nach § 32a Absatz 1,	5	6	7
b) nach § 32a Absatz 5 oder 6 (Splitting-Verfahren) zu berechnen ist;	4	5	6
2. bei Steuerpflichtigen mit			
a) einem Kind oder zwei Kindern,	2	3	4
b) drei oder mehr Kindern	1	1	2

Prozent des Gesamtbetrags der Einkünfte.[64]

---

[64] § 33 Abs. 3 Satz 1 EStG.

Erst vor kurzem wurde abschließend geklärt wie diese Tabelle tatsächlich zu verstehen ist. Bislang hatte man sich die Kategorie herausgesucht z.B. zwei Kinder, Gesamtbetrag der Einkünfte 60.000 € ergibt eine zumutbare Eigenbelastung von 4% = 2.400 €.

Tatsächlich ist jedoch eine Staffelsatz gemeint. Bei dem eben genannten Beispiel ermittelt sich die zumutbare Eigenbelastung tatsächlich wie folgt:
2% von 15.340 €
3% von 35.790 € (51.130 € abzgl. 15.340 €)
4% von 8.870 € (60.000 € abzgl. 51.130 €).

Ergibt in Summe 1.735,30 €. Immerhin 664,70 € mehr steuerlich abziehbare Kosten, einfach nur weil durch höchstrichterliche Rechtsprechung geklärt wurde wie der Gesetzgeber die Berechnung gemeint hat.

9.3. Unterhalt

Die Kosten für den Unterhalt oder die Berufsausbildung einer unterhaltsberechtigten Person sind bis zu Höhe des jeweils geltenden Existenzminimums (Grundfreibetrag i.S.d. § 32a EStG) abziehbar.[65]

Dies gilt allerdings nicht solange für das Kind noch Kindergeld bezogen wird bzw. der Kinderfreibetrag abziehbar ist.[66]

Dieser Betrag ist außerdem zu kürzen um die eigenen Einkünfte und Bezüge der unterhaltendenden Person, soweit diese 624 € im Jahr übersteigen. Darunter fallen auch steuerfreie Einnahmen und Fördermittel.[67]

Für volljährige Kinder, für die trotzdem noch ein Anspruch auf den Kinderfreibetrag besteht und die für Zwecke der Berufsausbildung auswärtig untergebracht sind, können bis zu 924 € pro Jahr berücksichtigt werden.[68]

Dabei ist unbedingt zu beachten, dass die o.g. Beträge für das gesamte Kalenderjahr gelten. Wird der Unterhalt nicht für das gesamte Jahr gezahlt bzw. beginnt die auswärtige Unterbringung erst mitten im

---

[65] § 33a Abs. 1 Satz 1 EStG.
[66] § 33a Abs. 1 Satz 4 EStG.
[67] § 33a Abs. 1 Satz 5 EStG.
[68] § 33a Abs. 2 EStG.

Jahr, so sind die Aufwendungen zu kürzen. [69]Es ist daher zu empfehlen die erste Unterhaltszahlung bereits im Januar zu leisten. Wird erst im Mai der Unterhalt für Januar bis Mai gezahlt und dann bis Dezember durchgängig, so ist trotzdem nur 8/12 des Höchstbetrages abzugsfähig.

Unterhaltsleistungen im Sinne des § 33a EStG können nicht als allgemeine außergewöhnliche Belastungen nach § 33 EStG berücksichtigt werden.

---

[69] § 33a Abs. 3 EStG.

9.4. Pauschbeträge und Aufwendungen bei Behinderung

Anstelle der Aufwendungen im Rahmen einer Behinderung (Pflege, Umbaumaßnahmen, höhere Fahrtkosten) im Rahmen des § 33 EStG (allgemeine außergewöhnliche Belastungen unter Anrechnung der zumutbaren Eigenbelastung) geltend zu machen, können auch Pauschbeträge nach § 33b EStG berücksichtigt werden. Dies geht dann ohne Nachweis der tatsächlichen Kosten. Die Entscheidung welcher Ansatz gewählt wird, kann jedes Jahr neu getroffen werden.[70]

Voraussetzung für den Ansatz von Pauschbeträgen ist ein Grad der Behinderung von mindestens 50 oder mindestens 25 unter weiteren Voraussetzungen (gleichzeitiger Renten- oder sonstiger Bezug für die Behinderung oder dauernde Einbuße der Beweglichkeit).[71]

Sind diese Voraussetzungen erfüllt sind je nach Grad der Behinderung die folgenden Pauschbeträge abziehbar:
- 25 und 30 → 310 €
- 35 und 40 → 430 €

---

[70] § 33b Abs. 1 EStG.
[71] § 33b Abs. 2 EStG.

- 45 und 50 → 570 €
- 55 und 60 → 720 €
- 65 und 70 → 890 €
- 75 und 80 → 1.060 €
- 85 und 90 → 1.230 €
- 95 und 100 → 1.420 €

Sofern eine Hilflosigkeit vorliegt oder bei Blinden beträgt der Pauschbetrag 3.700 €.[72]

Den Pauschbetrag für ein Kind (für welches noch ein Kinderfreibetrag zu berücksichtigen ist) kann ein Elternteil auf Antrag im Rahmen der eigenen Einkommensteuerveranlagung berücksichtigen (statt in der Steuererklärung des Kindes).[73]

---

[72] § 33b Abs. 3 u. Abs. 6 EStG.
[73] § 33b Abs. 5 EStG.

10. Die Berechnung der Steuer

10.1. Berechnungssystematik und Darstellung

Alle Einkünfte werden zusammenaddiert (negative vorbehaltlich Abzugsbeschränken wie z.B. Verluste aus einer argentinischen Rinderfarm) zur Summe der Einkünfte.[74]

Von diesen wird der Altersentlastungsbetrag, Entlastungsbetrag für Alleinerziehende oder der Freibetrag für Land und Forstwirtschaft abgezogen, sodass der Gesamtbetrag der Einkünfte herauskommt.[75]

Der Altersentlastungsbetrag wird ab dem Kalenderjahr gewährt, welches der Vollendung des 64. Lebensjahres folgt. Also Vollendung 64. Lebensjahr am 30. Dezember 2019, dann erfolgt die Berücksichtigung ab 2020. Der Altersentlastungsbetrag ist abhängig vom Jahr des erstmaligen Beginns und wird für jeden der später dieses Alter erreicht kleiner. Ab 2040 wird kein Altersentlastungsbetrag mehr berücksichtigt. Beispielsweise beträgt dieser im o.g. Beispiel 16% der Summe der Einkünfte (ohne Berücksichtigung negativer Einkünfte und Renten) maximal je-

---

[74]§ 2 Abs. 2 EStG.
[75]§ 2 Abs. 3 EStG.

doch 760 € pro Jahr. Die im Gesetz enthaltene Tabelle
ist nachfolgend dargestellt:[76]

Das auf die Vollendung des 64. Lebensjahres folgende Kalenderjahr	Altersentlastungsbetrag	
	in % der Einkünfte	Höchstbetrag in Euro
2005	40,0	1 900
2006	38,4	1 824
2007	36,8	1 748
2008	35,2	1 672
2009	33,6	1 596
2010	32,0	1 520
2011	30,4	1 444
2012	28,8	1 368
2013	27,2	1 292
2014	25,6	1 216
2015	24,0	1 140
2016	22,4	1 064
2017	20,8	988
2018	19,2	912
2019	17,6	836
2020	16,0	760
2021	15,2	722

[76] § 24a EStG.

Das auf die Vollendung des 64. Lebensjahres folgende Kalenderjahr	Altersentlastungsbetrag	
	in % der Einkünfte	Höchstbetrag in Euro
2022	14,4	684
2023	13,6	646
2024	12,8	608
2025	12,0	570
2026	11,2	532
2027	10,4	494
2028	9,6	456
2029	8,8	418
2030	8,0	380
2031	7,2	342
2032	6,4	304
2033	5,6	266
2034	4,8	228
2035	4,0	190
2036	3,2	152
2037	2,4	114
2038	1,6	76
2039	0,8	38
2040	0,0	0

Der Entlastungsbetrag für Alleinerziehende in Höhe von 1.908 € (zzgl. 240 € je weiteren Kind nach dem ersten) wird gewährt, wenn ein Kinderfreibetrag zusteht (siehe unten) und der Haushalt allein geführt wird (weder verheiratet noch eine weitere volljährige Person im Haushalt lebt). Falls ein Kind bei getrenntlebenden Ehegatten in beiden Haushalten gemeldet ist, hat derjenige den Anspruch auf den Entlastungsbetrag, der das Kindergeld bezieht.[77]

Der Freibetrag für Einkünfte aus Land- und Forstwirtschaft in Höhe von 900 € (1.800 € bei zusammen veranlagten Ehegatten) wird gewährt, wenn Einkünfte aus Land- und Forstwirtschaft von weniger als 30.700 € (61.400 € bei zusammen veranlagten Ehegatten) vorliegen. Jedoch maximal in Höhe der positiven Einkünfte aus Land- und Forstwirtschaft.[78]

Sofern sich an dieser Stelle ein negativer Betrag (Verlust) ergibt, kann dieser entweder in das Vorjahr zurückgetragen werden oder in Folgejahre vorgetragen werden. Inwieweit ein Verlust vor- oder zurückgetragen wird, ist ein Wahlrecht und kann entsprechend steueroptimiert berücksichtigt werden. Ein Verlust kann sich nur auf Ebene des Gesamtbetrags der Einkünfte ergeben. Wenn sich im Rahmen der späteren Berechnung (z.B. beim Sonderausgabenabzug) ein Verlust ergibt, so kann dieser steuerlich nicht weiter genutzt werden. Wenn sich ein Verlust ergibt, sollte

---

[77] § 24b EStG.
[78] § 13 Abs. 3 EStG.

unbedingt eine Steuererklärung abgegeben werden, da dieser Verlust durch einen Steuerbescheid festzustellen ist, damit eine Verlustverrechnung möglich ist.[79]

Nach Abzug der Sonderausgaben und der außergewöhnlichen Belastungen ergibt sich das Einkommen.[80]

Nachdem vom Einkommen die Kinderfreibeträge abgezogen worden sind ergibt sich das zu versteuernde Einkommen.[81] Das zu versteuernde Einkommen ist oftmals der Betrag, der für Banken und Behörden interessant ist.

Der Kinderfreibetrag in Höhe von 2.586 € zzgl. 1.320 € (für Betreuungs-, Erziehungs- oder Ausbildungsbedarf) wird für jedes Kind gewährt, jedoch nur dann, wenn dieser günstiger ist als das jeweils geltende Kindergeld. Diese Freibeträge gelten pro Elternteil, d.h. bei zusammen veranlagten Ehegatten wird der Freibetrag verdoppelt.

Als Kind im Sinne des Gesetzes geltend direkte (im ersten Grad verwandte) Kinder und Pflegekinder. Eine Berücksichtigung erfolgt grundsätzlich bis zur Vollendung des 18. Lebensjahres. Eine Berücksichtigung erfolgt bis zur Vollendung des 21. Lebensjahres,

---

[79] § 10d EStG.
[80] § 2 Abs. 4 EStG.
[81] § 2 Abs. 5 Satz 1 EStG.

wenn das Kind arbeitslos ist und als arbeitssuchend gemeldet ist oder bis zur Vollendung des 25. Lebensjahres, wenn sich das Kind in Ausbildung / Studium befindet und keiner Erwerbstätigkeit (weniger als 20 Stunden Arbeitszeit pro Woche) nachgeht.

Sofern bei Kindern eine körperliche, geistige oder seelische Behinderung vor Vollendung des 25. Lebensjahres eingetreten ist, die dazu führt, dass das Kind außerstande ist sich selbst zu unterhalten erfolgt eine dauerhafte Berücksichtigung.[82]

Das zu versteuernde Einkommen ist die Bemessungsgrundlage für die eigentliche Berechnung der Einkommensteuer. Bei Ehegatten wird die Summe der Einkünfte getrennt ermittelt und zusammenaddiert. Danach werden die Abzüge gemeinsam vorgenommen. Das zu versteuernde Einkommen wird durch zwei geteilt und darauf die Steuer berechnet. Diese wird anschließend verdoppelt.
Der Einkommensteuertarif ist progressiv und steigt sehr schnell stark an. Bei der Zusammenveranlagung ergibt sich daraus oftmals eine niedrigere Steuer als bei der getrennten (Einzelveranlagung eines jeden Ehegatten).

Interessanter als der tatsächliche Steuersatz ist jedoch der Grenzsteuersatz. Dieser gibt an, wie stark sich die Steuer ändert, wenn sich das zu versteuernde Einkommen um 1 € steigt oder fällt.

---

[82] § 32 EStG.

Zum besseren Überblick folgen zwei grafische Dar-
stellungen der Entwicklung von Steuersatz und
Grenzsteuersatz (lt. Einkommensteuerrechner des
BMF).

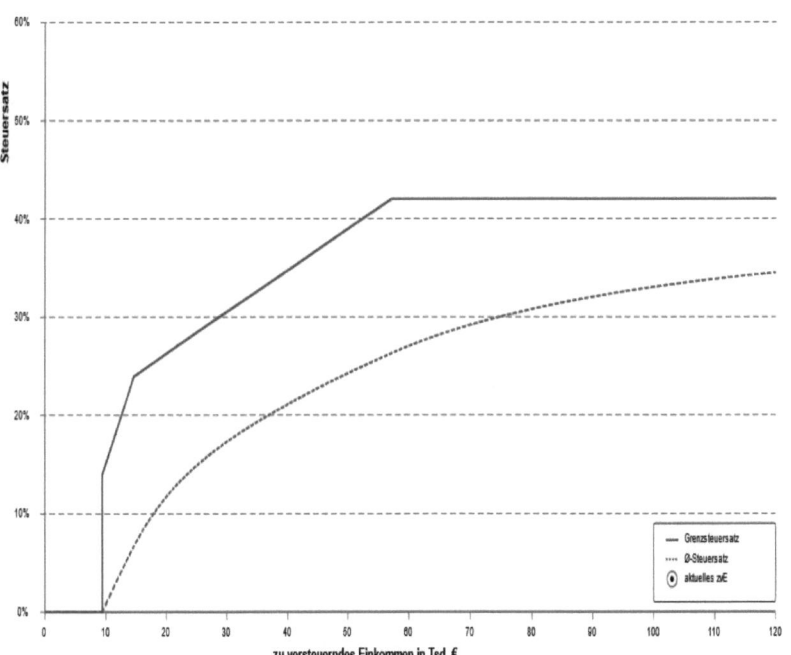

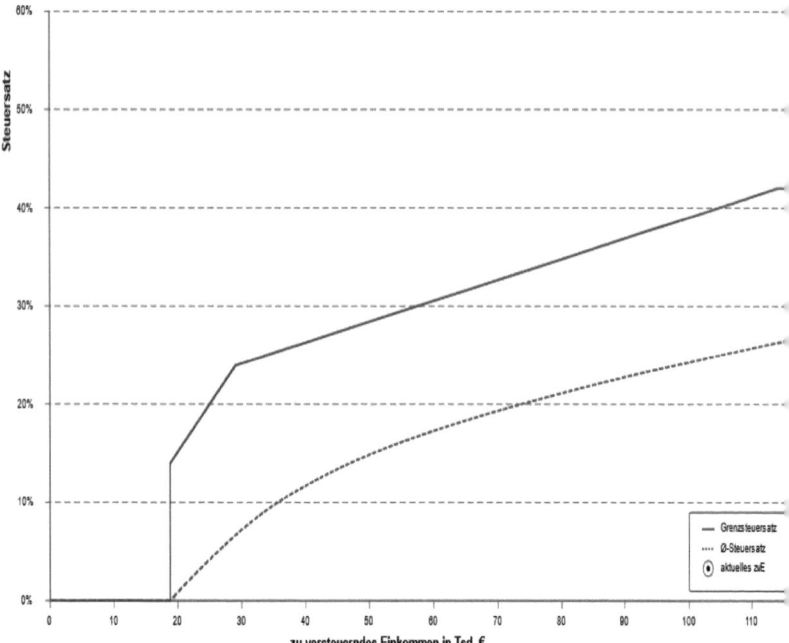

An diesen Darstellungen ist zu sehen, dass der Grenzsteuersatz einen sehr großen Sprung macht, sobald
das steuerfreie Existenzminimum (9.408 € pro Person
und Kalenderjahr überschritten ist. Bereits bei einem
zu versteuernden Einkommen von unter 60 T€ (Einzelveranlagung) ist der höchste Grenzsteuersatz erreicht, d.h. bei jedem Euro Einkommen mehr erhält
der Staat 42% zzgl. Solidaritätszuschlag (bzw. Spitzen-
steuersatz ab einem Einkommen von 270.501 € in
Höhe von 45% zzgl. Solidaritätszuschlag).

Der tatsächliche Steuersatz nährt sich dann dem Grenzsteuersatz an, erreicht diesen jedoch nie.

Nachfolgend eine Darstellung beispielhafter zu versteuernder Einkommen (Einkommensteuersatz ohne Solidaritätszuschlag):

Einkommen	Einzel		Zusammen	
	Steuersatz	Grenzsteuersatz	Steuersatz	Grenzsteuersatz
10.000 €	0,86%	15,15%	0,00%	0,00%
20.000 €	11,73%	26,28%	0,86%	15,15%
50.000 €	24,28%	39,00%	14,86%	28,40%
75.000 €	30,05%	42,00%	21,37%	33,70%
150.000 €	36,02%	42,00%	30,05%	42,00%

Noch zwei Hinweise zum Splittingtarif: Dieser ist anzuwenden, für Jahre in denen die Ehegatten (oder Lebenspartner) verheiratet sind. Allerdings auch, wenn die Ehe in diesem Jahr aufgelöst wurde und beim sogenannten Witwensplitting auch noch für das Jahr, dass dem Todesjahr des verstorbenen Ehegatten folgt.

10.2. Der Progressionsvorbehalt

Im Bereich des internationalen Steuerrechts hatte ich bereits erwähnt, dass je nach Abkommen zur Vermeidung der Doppelbesteuerung Einkünfte teilweise steuerfrei gestellt sind, jedoch dem Progressionsvorbehalt unterliegen. Daneben unterliegen noch die weiteren unter § 32b EStG aufgeführten Einnahmen dem Progressionsvorbehalt, jedoch nicht der direkten Besteuerung. Genannt werden z.B. Arbeitslosengeld, Elterngeld und Krankengeld. Progressionsvorbehalt bedeutet, dass die Einkünfte bei der Berechnung des Steuersatzes zu berücksichtigen sind.

Nach den vorhergehenden Darstellungen zum steilen Anstieg des Grenzsteuersatzes ist es klar, dass dies zu einer höheren Belastung von niedrigen Einkommen führt.

Wer beispielsweise nach einer Arbeitslosigkeit (Arbeitslosengeld 12.000 €) noch 4.000 € Arbeitslohn erzielt hat (abzgl. Werbungskostenpauschale = 3.000 € Einkünfte; vereinfacht ohne weitere Abzüge) und damit ein zu versteuerndes Einkommen von lediglich 3.000 € hat, zahlt darauf dann trotzdem noch 216 € Einkommensteuer, d.h. 7,23%.

11. Steuerermäßigungen

Nach der Berechnung der tariflichen Einkommensteuer sind noch Steuerermäßigungen zu berücksichtigen, um die festzusetzende Einkommensteuer zu ermitteln.

Spenden an politische Parteien und Vereine ohne Parteicharakter, die an Wahlen teilnehmen mindern in Höhe von 50% der Spenden die tarifliche Einkommensteuer. Allerdings nur bis zu einem Höchstbetrag von 825 € (bei Ehegatten 1.650 €) pro Jahr. Dieser Höchstbetrag gilt jeweils für die o.g. beiden Arten von politischen Spenden (Parteien und Vereine unter bestimmten Voraussetzungen).[83]

Um eine Doppelbelastung mit Gewerbe- und Einkommensteuer zu vermeiden bzw. zu mindern gibt es eine Steuerbefreiung nur für gewerbliche Einkünfte inkl. solcher aus Beteiligungen. Die Steuer wird ermäßigt um das 3,8-fache des festgesetzten Gewerbesteuermessbetrages, jedoch maximal in Höhe der tatsächlich gezahlten Gewerbesteuer (für den Veranlagungszeitraum). Somit wird eine Doppelbelastung mit Gewerbesteuer nur so lange vermieden, wie der

---

[83] § 34g EStG.

Gewerbesteuerhebesatz der Gemeinde nicht mehr als 380% beträgt.[84]

Die meisten Privatpersonen können die Steuermäßigungen nach § 35a EStG in Anspruch nehmen. Hier sind drei verschiedene Steuerermäßigungen genannt. Bei haushaltsnahen Beschäftigungsverhältnissen („Haushaltshilfe"; geringfügige Beschäftigung) wirken sich 20% der Aufwendungen steuermindernd aus, jedoch maximal 510 €.[85]

Die Kosten von Handwerkern für Renovierungs-, Erhaltungs- und Modernisierungsmaßnahmen können in Höhe von 20% als Steuerermäßigung angesetzt werden, jedoch sind maximal 1.200 € Steuerminderung möglich. Neubaumaßnahmen sind hierbei nicht inbegriffen, da es sich insoweit nicht um eine der o.g. Maßnahmen handelt. Hierunter fallen eher Kosten für Dacherneuerung oder Erneuerung der Elektrik im Haus. Die jeweiligen Maßnahmen dürfen allerdings nicht zusätzlich durch Zuschüsse oder verbilligte Darlehen gefördert sein. Bei einer durch die Kfw geförderten energetischen Sanierung kann die Steuerermäßigung für die Handwerkerleistungen nicht in Anspruch genommen werden.[86] Aufgrund der Abziehbarkeit von maximal 6.000 € pro Jahr bietet es sich in Praxis an größere Maßnahmen ggf. in mehrere klei-

---

[84] § 35 EStG.
[85] § 35a Abs. 1 EStG.
[86] § 35a Abs. 3 EStG.

neren Maßnahmen zu zerlegen um diese über mehr als ein Jahr zu verteilen.

Als Drittes sind Kosten für haushaltsnahe Dienstleistungen insbesondere auch Pflege- und Betreuungsleistungen sowie die Dienstleistungskosten im Rahmen einer Heimunterbringung zu berücksichtigen (20%, jedoch maximal 4.000 €). Die Kosten dürfen keine Handwerkerleistungen oder für dein haushaltsnahes Beschäftigungsverhältnis sein (also nicht unter die vorher genannten Bereiche fallen).[87]

Für haushaltsnahe Dienstleistungen bzw. Handwerkerleistung ist jeweils nur der Anteil für die Arbeit inkl. Fahrtkosten abziehbar, jedoch nicht die Materialkosten.[88]

Weitere Voraussetzung ist u.a., dass alle diese Aufwendungen im eigenen Haushalt des Steuerpflichtigen anfallen, der innerhalb der EU gelegen sein muss.[89] Darüber hinaus dürfen die Kosten nicht vorrangig als Werbungskosten, Betriebsausgaben, Sonderausgaben oder außergewöhnliche Belastungen abziehbar sein[90]

Und letztlich ist zu beachten, dass ein Abzug nur möglich ist, wenn eine ordnungsgemäße Rechnung vor-

---

[87] § 35a Abs. 2 EStG.
[88] § 35a Abs. 5 Satz 2 EStG.
[89] § 35a Abs. 4 EStG.
[90] § 35a Abs. 5 Satz 1 EStG.

liegt und die Bezahlung per Banküberweisung (nicht bar) erfolgt ist.[91] Durch die letzte Voraussetzung soll sichergestellt werden, dass mit der Gesetzesvorschrift das Ziel der Schwarzgeldbekämpfung durch Schwarzarbeit in Privathaushalten erreicht werden kann.

Soweit Vermögen geerbt wurde und darauf Erbschaftssteuer gezahlt wurde, kann diese teilweise bei der Einkommensteuer als Steuerermäßigung abgezogen werden, wenn das geerbte Vermögen der Einkommenserzielung (z.B. vermietete Immobilie) dient.[92]

Für energetische Sanierungen sind ab 2020 (Maßnahmenbeginn nach dem 31. Dezember 2019) bis zu 20% der Kosten unter bestimmten Voraussetzungen abziehbar (7% im ersten und zweiten Jahr maximal jeweils 14.000 € und 6% maximal 12.000 € im dritten Jahr). Voraussetzungen sind grob gesagt, dass dadurch eine bescheinigte Energieeinsparung erfolgt, die Kosten nicht anderweitig bereits begünstigt sind (Betriebsausgaben, Werbungskosten, Sonderausgaben, außergewöhnliche Belastungen, Handwerkerleistungen, zinsverbilligte Darlehen oder Förderungen) und es muss eine ordnungsgemäße Rechnung vorliegen, die per Banküberweisung bezahlt wird.[93]

---

[91] § 35a Abs. 5 Satz 3 EStG.
[92] § 35b EStG.
[93] § 35c EStG i.V.m. § 52 Abs. 35a EStG.

12. Der besondere Tarif für Kapitalerträge

Soweit Kapitalerträge nicht unter eine der unten aufgeführten Sondervorschriften fallen unterliegen diese nicht dem normalen progressiven Steuersatz.
Stattdessen ist allgemein ein Steuersatz von 25% (zzgl. Solidaritätszuschlag) zu berücksichtigen.[94]
Hierbei gibt es ein paar Besonderheiten wie die Anrechnung ausländischer Steuern zu beachten und die Berücksichtigung der Kirchensteuer auf Kapitalerträge.[95]

Im Kapitel 4 habe ich sämtliche Kapitalerträge entsprechend ihren jeweiligen Nummern laut Gesetz aufgelistet. Auf diese Nummern beziehen sich die Ausnahmen vom Sondertarif.

Kapitalerträge der Nummern 4 bis 7 (also insbesondere Zinsen) unterliegen jedenfalls dann nicht dem besonderen Tarif, wenn Gläubiger und Schuldner nah stehende Personen sind und für den Schuldner die entsprechenden Aufwendungen abziehbare Werbungskosten oder Betriebsausgaben sind. Unter den nah stehenden Personen sind insbesondere alle Angehörigen nach § 15 AO zu verstehen. Hierdurch soll vermieden werden, dass Kapitalerträge zur Steuer-

---

[94] § 32d Abs. 1 Satz 1 EStG.
[95] § 32d Abs. 1 Satz 2 i.V.m. Abs. 5 u. Satz 3ff EStG.

minderung eingesetzt werden. Da der Voraussetzung ist, dass der Schuldner die Aufwendungen steuermindernd geltend machen kann, könnte es dadurch zu einer Steuerminderung in Höhe von 42% der Aufwendungen kommen (Grenzsteuersatz). Wenn diese Kapitalerträge dann nur mit 25% versteuert werden würden, wäre dies ein gutes Steuersparmodell. Dies hat der Fiskus bereits bei Erstellung des Gesetzes erkannt und dem einen Riegel vorgeschoben.[96]

Gleiches gilt für Kapitalerträge i.S.d. der o.g. Nummern, die erzielt werden gegenüber Genossenschaften oder Kapitalgesellschaften, soweit eine Beteiligung des Gläubigers oder einer nah stehenden Person des Gläubigers mindestens 10% beträgt.[97]

Außerdem werden durch das Gesetz auch viele Umgehungsgestaltungen eingeschränkt. Vereinfacht formuliert hilft es nicht einen Dritten zwischenzuschalten. Also der Sohn gibt ein Darlehen an einen guten Freund. Dieser gibt ein gleichwertiges Darlehen an den Vater des eigentlichen Darlehensgebers. Auch in diesem Fall funktioniert die Gestaltung nicht. [98]Für diejenigen die glauben, dass das Finanzamt dies niemals herausfindet, sind die 14.2 genannten Hinweise zu den Mitwirkungspflichten. Sicherlich besteht die theoretische Möglichkeit, aber da es sich augenscheinlich um ein Modell zur Steueroptimierung han-

---

[96] § 32d Abs. 2 Nr. 1 Satz 1 Buchstabe a) EStG.
[97] § 32d Abs. 2 Nr. 1 Satz 1 Buchstabe b) EStG.
[98] § 32d Abs. 2 Nr. 1 Satz 1Buchstabe c) EStG.

delt, bewegen sich die beteiligten in diesem Fall sehr an der Grenze zur Steuerhinterziehung, sodass dies nicht empfehlenswert ist. Aufgrund der Mitwirkungspflichten (aller Beteiligten) besteht immer das Risiko, dass die Gestaltung aufgedeckt wird. Diese Klarstellung des Gesetzes bedarf es m.E. nicht einmal, da u.a. Voraussetzung ist, dass die Umgehung auf planmäßigem Handeln basiert und daher ohnehin unter den § 42 AO fallen sollte. Der § 42 AO – das Damoklesschwert über Steuergestaltungen – greift immer dann, wenn Umgehungsgestaltungen oder wirtschaftlich sinnlose Gestaltungen getroffen werden um Steuern zu sparen. Durch diese Vorschrift wird der „eigentliche" steuerliche und vom Gesetzgeber vorgesehene Zustand berücksichtigt und die Umgehungen ignoriert. Positiv ist allerdings noch zu erwähnen, dass in diesen Fällen (Anwendung normaler Steuertarif) auch damit im Zusammenhang stehende Werbungskosten z.B. zur Refinanzierung eines Darlehens abziehbar sind.[99]

Die nächste Ausnahme betrifft Kapitalerträge i.S.d. der Nummer 6 soweit diese den Satz 2 der Nummer betreffen. Also bei der Auszahlung von Rentenversicherungen mit Kapitalwahlrecht, die nach Vollendung des 60. Lebensjahres und mindestens zwölf Jahre nach Vertragsschluss ausgezahlt werden. Diese sind lediglich zur Hälfte anzusetzen und auch in diesem Fall sind etwaige Werbungskosten abziehbar.[100]

---

[99] § 32d Abs. 2 Nr. 1 Satz 2 EStG.
[100] § 32d Abs. 2 Nr. 2 EStG.

Die dritte Ausnahme betrifft Kapitalerträge i.S.d. der Nummern 1 und 2 (insbesondere Dividenden). Jedoch nur auf Antrag (Wahlrecht) und sofern eine Beteiligung an der Kapitalgesellschaft von mindestens 25% besteht oder von mindestens 1% bei gleichzeitigem maßgeblichem Einfluss auf die wirtschaftliche Tätigkeit der Gesellschaft (i.d.R. als Geschäftsführer). Interessant wird diese Methode dadurch, dass in der Folge der § 3 Nr. 40 EStG, d.h. das Teileinkünfteverfahren Anwendung findet (Kapitalerträge sind zu 40% steuerfrei). Ein solcher Antrag lohn sich also dann, wenn der persönliche Steuersatz unter 41,67% liegt. Oder sofern Werbungskosten in diesem Zusammenhang z.B. zur Finanzierung der Beteiligung bestehen, da diese entgegen der normalen Systematik bei Kapitalerträgen bei dieser Antragsstellung abziehbar sind. Allerdings ist in diesem Zusammenhang etwas Vorsicht geboten und der Antrag muss sich lohnen. Dieser gilt grundsätzlich für das Jahr der Antragstellung sowie die folgenden vier Veranlagungszeiträume (sofern dieser nicht widerrufen wird). Allerdings ist nach Widderruf ein erneuter Antrag nicht mehr möglich. Ich empfehle daher den Antrag nur zu stellen, wenn sich dies voraussichtlich für die vier Folgejahre auch lohnt. Auch sofern es sich nicht mehr lohnt sollte von einem Widderruf abgesehen werden, da dies nur zu einer höheren Besteuerung von 0,33% führt und der Antrag später vielleicht noch einmal sinnvoll sein könnte. Zu stellen ist der Antrag mit Abgabe der Einkommensteuererklärung. Bei einem persönlichen Steuersatz von weniger als 40% und bei Beteiligung an einer Kapitalgesellschaft von mehr als 25% empfehle ich auch ohne tatsächliche Kapitalerträge den Antrag zu stellen. Falls das Finanzamt später im Rahmen einer Prüfung bei der Kapitalgesellschaft verdeckte Gewinnausschüttungen (gelten beim Empfänger als Kapitalerträge i.S.d. Nummer 1) feststellt, kann der Antrag ansonsten nicht mehr gestellt werden und es werden mehr Steuern gezahlt als unbedingt notwendig.[101]

Die letzte Ausnahme steht noch einmal im Zusammenhang mit Dividenden (Nummer 1) und Sonderzuflüssen i.S.d. der Nummer 9 unter sehr besonderen Umständen. Es handelt sich dabei um eine Auffangvorschrift, sofern keine andere Möglichkeit greift.[102]

Grundsätzlich müssen Banken und deutsche Kapitalgesellschaften bereits die 25% Steuer nach Sondertarif (zzgl. Solidaritätszuschlag und unter Berücksichtigung der Kirchensteuern) bereits in Form der Kapitalertragsteuer einbehalten. Grundsätzlich, d.h. sofern keine der o.g. Ausnahmen greift tritt dadurch eine Abgeltungswirkung ein d.h. die Steuern gelten insoweit als bezahlt. Allerdings sind solche Kapitalerträge in der Steuererklärung anzugeben für, die noch kein Einbehalt von Kapitalertragsteuern erfolgt ist.[103]

---

[101] § 32d Abs. 2 Nr. 3 EStG.
[102] § 32d Abs. 2 Nr. 4 EStG.
[103] §§ 43ff EStG u. § 32d Abs. 3 EStG.

Sofern Kapitalertragsteuern einbehalten worden sind, kann es sich trotzdem lohnen diese im Rahmen der Einkommensteuererklärung anzugeben. Dies gilt zum einen dann, wenn der Sparerpauschbetrag nicht ausgeschöpft wurde oder z.B. bei einer anderen Bank Verluste eingetreten sind. In diesem Fall wird ein Antrag auf Überprüfung des Steuereinbehalts gestellt.[104] Die andere Methode ist der Antrag auf Günstigerprüfung. In diesem Fall werden sämtliche Kapitalerträge erklärt und es wird geprüft, ob die Besteuerung mit dem normalen Steuersatz oder mit 25% günstiger ist. Hierdurch werden vor allem Kapitalerträge bei sonst kleinen Einkommen entlastet.[105]

Kapitalerträge sind grundsätzlich mit 25% pauschal zu besteuern. Dies gilt jedoch dann nicht, wenn es dadurch zu einer planmäßigen Minderung von Steuern unter nah stehenden Personen führt. Außerdem kann durch entsprechende Anträge eine günstigere Besteuerung als diese mit 25% erreicht werden.

---

[104] § 32d Abs. 4 EStG.
[105] § 32d Abs. 6 EStG.

13. Solidaritätszuschlag und Kirchensteuer

Der Solidaritätszuschlag und die Kirchensteuern sind sogenannte Zuschlagssteuern, d.h. diese werden zusätzlich und abhängig von der Höhe der Einkommensteuer erhoben. Dies gilt auch als Zuschlag zur Kapitalertragsteuer und zur Lohnsteuer.[106]

Die Kirchensteuerpflicht ist insoweit freiwillig, als Sie nur diejenigen betrifft die einer entsprechenden Religionsgemeinschaft zugehörig sind. Abhängig vom Bundesland wird die Kirchensteuer direkt mit dem Einkommensteuerbescheid festgesetzt oder mit gesondertem Bescheid erhoben (z.B. Bayern).

Der Solidaritätszuschlag trifft jeden ab einer bestimmten Höhe der Einkommensteuer. Bislang war dies der Fall bei einer Einkommensteuer in Höhe von 1.945 € (im Fall der Steuererhebung nach normalem Steuertarif). [107] Seit dem 21. Februar 2014 ist beim Bundesverfassungsgericht ein Verfahren anhängig, welches sich mit der Frage beschäftigt, ob der Solidaritätszuschlag spätestens seit 2007 verfassungswidrig ist.[108] Obwohl hier noch keine Entscheidung gefallen ist, hat der Gesetzgeber am 14. November 2019 das

---

[106] §51a EStG.
[107] SolZG insbes. § 3 Abs. 3 Nr. 1.
[108] BVerfG, Verfahren 2 BvL 6/14.

Gesetz zur Rückführung des Solidaritätszuschlages beschlossen. Was jedoch nicht heißt, dass der Solidaritätszuschlag abgeschafft wurde. Lediglich die o.g. Grenze, ab welcher der Solidaritätszuschlag erhoben wird, wurde angehoben auf 33.912 €. Dies gilt ab dem 1. Januar 2020.[109]

Ab wann es zu einer vollständigen Entlastung vom Solidaritätszuschlag kommt, ist aktuell unklar.

---

[109] § 3 Abs. 3 Nr. 1 SolZG (n.F. ab 2021).

14. Die Steuererklärung – Mitwirkungspflichten und wer muss überhaupt eine Erklärung abgeben?

14.1. Wer ist zur Abgabe einer Steuererklärung verpflichtet?

Einer der Gründe für das Schreiben dieses Buches ist die Klarstellung zu der Frage – wer zur Abgabe der Einkommensteuererklärung verpflichtet ist.

Grundsätzlich ist nach dem Gesetz erst einmal jeder Steuerpflichtige zur Abgabe seiner Einkommensteuererklärung verpflichtet, sofern keine Ausnahme greift.[110]

Diese Regelung wird durch den § 56 EStDV abgemildert. Darin ist geregelt, dass eine Erklärungspflicht nur dann besteht, wenn

    a) Keine Einkünfte aus nichtselbstständiger Arbeit erzielt worden sind und die Einkünfte insgesamt weniger als den jeweiligen Grundfreibetrag (2020 9.408 €) betragen haben. Bei zusammen veranlagten Ehegatten gilt der doppelte Grundfreibetrag oder

---

[110] § 25 Abs. 1 EStG.

b) Einkünfte aus nichtselbstständiger Arbeit vorliegen und eine der nachfolgend genannten Verpflichtungsgründe nach § 46 EStG greift.

Außerdem besteht auch dann eine Verpflichtung zur Erklärungsabgabe, wenn aus Vorjahren noch ein Verlustvortrag nutzbar ist.

Nach § 46 Abs. 2 EStG besteht eine Erklärungspflicht, wenn Einkünfte aus nichtselbstständiger Arbeit erzielt werden und einer der folgenden Punkte zutrifft (Aufzählung entspricht nicht den Nummern laut Gesetz).

1. Wenn die Einkünfte, für die keine Lohnsteuer einbehalten wurde (also alle anderen Einkünfte außer nichtselbstständiger Arbeit) und / oder die Summe der Einkünfte und Bezüge, die dem Solidaritätszuschlag unterliegen (z.B. Krankengeld) den Betrag von 410 € übersteigen. Es müssen also Nebeneinkünfte oder Progressionseinkünfte von nicht nur geringfügiger Bedeutung vorliegen. Aus dieser Vorschrift ergibt sich auch, dass Nebeneinkünfte bis zu einem Betrag von 410 € selbst bei Erklärungsabgabe unversteuert bleiben.
2. Sofern von mehreren Arbeitgebern nebeneinander Arbeitslohn bezogen wurde (Lohnsteuereinbehalt nach Lohnsteuerklasse 6).
3. Falls die beim Lohnsteuerabzug berücksichtigten Vorsorgeaufwendungen größer sind als die tatsächlich abziehbare und der Arbeitslohn mehr als 11.900 € (bei Ehegatten 22.600

€) betragen hat. Dies kann dann greifen, wenn weniger Krankenversicherungsbeiträge (private) gezahlt worden sind als im Rahmen des Lohnsteuerabzugs bescheinigt sind. Nach meiner Erfahrung ist dies insbesondere bei der Bundeswehr und teilweise bei Beamten der Fall.

4. Im Falle, dass Ehegatten im Rahmen des Lohnsteuerabzugs die Steuerklassen III/V bzw. VI genutzt haben oder das Faktorverfahren angewendet wurde.

5. Sofern beim Lohnsteuerabzug höhere abziehbare Beträge als die üblichen berücksichtigt worden sind (Antrag erforderlich z.B. bei sehr hohen Fahrtkosten).

6. Bei nicht zusammenveranlagten Ehegatten, wenn Pauschbeträge für außergewöhnliche Belastungen anders als je zur Hälfte aufgeteilt werden sollen.

7. Unter der Voraussetzung, dass sonstige Bezüge oder außerordentliche Einkünfte z.B. Abfindungen vorliegen.

8. Wenn auf der Lohnsteuerbescheinigung das Abzugsmerkmal „S" vorhanden ist (zugeflossener Arbeitslohn aus früherem Dienstverhältnis ist unberücksichtigt geblieben).

9. Sofern die vorhergehende Ehe durch Tod, Scheidung oder anderweitige Aufhebung aufgelöst wurde und einer der Ehepartner im gleichen Jahr wieder geheiratet hat.

10. Falls beim Lohnsteuerabzug eine im EU-Ausland ansässiger Ehegatte berücksichtigt wurde.

11. Für den Fall, dass eine Steuerpflicht nur nach § 1a EStG bzw. § 1 Abs. 3 EStG vorliegt und gesonderte Lohnsteuerabzugsmerkmale berücksichtigt worden sind.

Nur wenn einer der Punkte vorliegt besteht eine Verpflichtung für Arbeitnehmer zur Abgabe der Steuererklärung. Hinsichtlich der weiteren Einkünfte ist im Zusammenhang mit Kapitaleinkünfte noch der § 43a EStG zu berücksichtigen. Grundsätzlich ist die Besteuerung der Kapitalerträge mit Einbehaltung der Kapitalertragsteuer abgegolten, d.h. bei diesen besteht auch dann keine Erklärungspflicht, wenn diese 410 € im Kalenderjahr übersteigen (die unter Nummer 1 genannte Pflicht ist insofern eingeschränkt).

Eine Veranlagung von Arbeitnehmern erfolgt, sofern keine der o.g. Punkte zutrifft also nur freiwillig (auf Antrag nach § § 46 Abs. 2 Nr. 8 EStG.).

Insbesondere Rentner sind dann nicht zur Abgabe der Erklärung verpflichtet, wenn der steuerpflichtige Teil der Rente den Grundfreibetrag unterschreitet. Da jede Rentensteigerung voll steuerpflichtig ist, besteht für viele Rentner das Risiko unbewusst in die Erklärungspflicht zu rutschen. Es ist empfehlenswert dieses wenigstens alle paar Jahre zu überprüfen, um nicht irgendwann vor einer bösen Überraschung und Nachzahlungen für mehrere Jahre zu stehen.

Es geht aus diesen Vorschriften auch nicht hervor, dass jeder der einmal freiwillig eine Steuererklärung abgegeben hat, auch künftig dazu verpflichtet ist eine Erklärung für die Folgejahre einzureichen.
Zur Abgabe einer Steuererklärung ist außerdem verpflichtet, wer dazu vom Finanzamt direkt aufgefordert wird.[111]

Diese Aufforderung ist ein formaler Verwaltungsakt, der entsprechend begründet sein muss und gegen diesen sind Rechtsmittel möglich.

Wer zur Abgabe verpflichtet ist hat bis Ende Juli des Folgejahres Zeit eine entsprechende Erklärung abzugeben. Sofern die Erklärungen durch einen Steuerberater erstellt werden, ist Zeit bis Ende Februar des übernächsten Jahres der Veranlagung. Die Steuererklärung für 2020 müsste bei Betreuung durch einen Steuerberater also erst Ende Februar 2022 abgegeben werden.

Die Finanzverwaltung darf in bestimmten Fällen (verspätete Abgaben in der Vergangenheit, zu erwartende hohe Nachzahlungen) auch die vorzeitige Abgabe verlangen.

---

[111] § 149 Abs. 1 Satz 2 EStG.

14.2. Mitwirkungspflichten im Rahmen der Steuerveranlagung

Allgemein ergibt sich aus § 90 AO, dass jeder Steuerpflichtige zur Mitwirkung bei der Ermittlung steuerlich relevanter Sachverhalte verpflichtet ist. Dieser Mitwirkungspflicht wird nachgekommen, indem alle für die Besteuerung erheblichen Tatsachen vollständig und wahrheitsgemäß offengelegt werden. Dies erfolgt beispielsweise im Rahmen der Abgabe der Einkommensteuererklärung.

Dies wird jedoch noch weiter vertieft, dadurch dass jeder Steuerpflichtige und auch andere Personen (Geschäftspartner, Verwandte etc.) zur Auskunft verpflichtet sind (spätestens im Rahmen von Auskunftsersuchen).[112]

Neben der Möglichkeit des Auskunftsersuchens, kann das Finanzamt verlangen sachgerechte Unterlagen wie Urkunden, Aufzeichnungen, Geschäftspapiere etc. vorzulegen.[113]

Daneben bestehen auch noch Anzeige- / Mitteilungspflichten z.B. nach § 138 AO bei der Aufnahme einer gewerblichen, freiberuflichen oder landwirtschaftlichen Tätigkeit. Diese Mitteilung muss innerhalb von einem Monat nach Aufnahme der Tätigkeit erfolgen.

---

[112] § 93 AO.
[113] § 97 Abs. 1 AO.

Zur Durchsetzung der Mitwirkungspflichten kann die Finanzverwaltung auf Zwangsmitteln wie Zwangsgelder (bis zu 25.000 €) oder Ersatzzwangshaft zurückgreifen.[114]

Darüber hinaus kann bei fehlender Mitwirkung eine Steuergefährdung[115] oder leichtfertige Steuerverkürzung[116] bzw. sogar Steuerhinterziehung[117] vorliegen. Dies sind Ordnungswidrigkeiten bzw. Straftaten.

Insbesondere ist darauf hinzuweisen, dass eine Steuerhinterziehung vorliegt, wenn jemand die Finanzbehörde pflichtwidrig über steuerlich erhebliche Tatsachen in Unkenntnis lässt und dadurch Steuern nicht, nicht rechtzeitig oder nicht in voller Höhe bezahlt. Darunter fällt die Nichtabgabe einer Steuererklärung trotz Verpflichtung. Dies kann jedoch auch die zu späte Abgabe einer Steuererklärung umfassen, wenn es dadurch zu einer Nachzahlung kommt.

Wie im deutschen Rechtssystem üblich schützt an dieser Stelle Unwissenheit nicht vor Strafe. Allerdings führt zumindest ein leichtfertiges Handeln (Sorgfaltspflichten nicht eingehalten, jedoch ohne Vorsatz gehandelt) noch nicht zu einer Straftat. Aber auch eine leichtfertige Steuerverkürzung kann Bußgelder in Bereichen bis 50.000 € zur Folge haben.

---

[114] §§ 328ff AO.
[115] § 379 AO.
[116] § 378 AO.
[117] § 370 AO.

14.3. Grundlagen zum Steuererklärungsformular

Das Steuererklärungsformular ist modular aufgebaut und es nur erforderlich die Anlagen auszufüllen, bei denen auch tatsächlich Angaben zu machen sind.

Dies ist im Normalfall der Mantelbogen (allgemeine Angaben, außergewöhnliche Belastungen, Spenden, haushaltsnahe Dienstleistungen etc.). Wobei künftig auch für diese einzelnen Bereiche jeweils eigene Anlagen zur Verfügung stehen. Außerdem die Anlage Vorsorgeaufwand für Altersvorsorgeaufwendungen und die Krankenversicherungsbeiträge (siehe Kapitel 8.1 und 8.2).

Die weiteren Anlagen hängen zum einen von individuellen Umständen ab wie z.B. die Anlage AV bei Riester Beiträgen, Anlage U für Ehegattenunterhalt und die Anlage Kind.

Zum anderen sind diese bedingt durch die Einkünfte z.B. die Anlage N für nichtselbstständige Arbeit, Anlage R für Renten, Anlage SO für sonstige Einkünfte (ohne Renten) und die Anlage V für Vermietung und verpachtet.

Wer seine Steuererklärung per Elster erstellt, muss unbedingt darauf achten, alle Felder korrekt auszufüllen und notwendigen Angaben zu machen, da sonst eine elektronische Übermittlung nicht möglich ist.

Mittlerweile gibt es einige Software, die durch gezielte Fragestellungen die entsprechenden Eintragungen in die Formulare vornimmt. Um nicht mehr Ärger als notwendig mit der eigenen Steuererklärung zu haben, empfehle ich die Nutzung derartiger Programme, da dann auch die Angaben für das nächste Jahr gespeichert werden können. Die Kosten für solche Software gehen bereits bei unter 10 € los.

Wer seine Erklärung nicht selbst erstellen will, kann damit auch einen Lohnsteuerhilfeverein (jedoch nur eingeschränkt bei nichtselbstständiger Arbeit und Renten) oder einen Steuerberater beauftragen. Diese stellen normalerweise gezielte Fragen um wirklich alle steuerlichen Details zu erfahren und das optimale Ergebnis herauszuholen. Diese Variante kostet zwar erst einmal mehr Geld, kann aber zu höheren Erstattungen / geringeren Nachzahlungen führen und es erspart in den meisten Fällen viel Zeit und Ärger. Ein erfahrener Steuerberater bzw. seine Mitarbeiter und Mitarbeiterinnen können eine Einkommensteuererklärung in wesentlich kürzerer Zeit fertigstellen.

Die Kosten dafür sind im Normalfall abhängig von der Höhe der Einnahmen (ab 100 € i.d.R. bei Lohnsteuerhilfevereinen bzw. je nach Steuerberatervergütungsverordnung bei Steuerberatern). Allerdings gibt es auch hier eine breite Streuung. So gibt es online Steuerbüros, bei denen nach tatsächlichem Aufwand abgerechnet wird und daher oft weniger Kosten anfallen als beim Steuerberater um die Ecke.

15. Der Steuerbescheid ist da – Was nun?

Nachdem die Steuererklärung elektronisch an das Finanzamt übermittelt wurde und alle etwaigen Rückfragen des Finanzamtes beantwortet sind, ergeht irgendwann der Steuerbescheid. Dies dauert je nach Umfang, Finanzamt und Zeitpunkt der Abgabe zwei bis acht Wochen.

Dieser sollte schnellstmöglich geprüft werden, da Beschwerden in der Regel nur innerhalb eines Monats geltend gemacht werden können.

Sofern alle Einnahmen, Aufwendungen und Steueranrechnungsbeträge (Lohnsteuer, Kapitalertragsteuer) zutreffend berücksichtigt sind und am besten die vorher ausgerechnete Steuer auch festgesetzt wird ist soweit alles in Ordnung. Eine Erstattung sollte dann bereits auf dem Bankkonto eingegangen sein. Steuernachzahlungen sind innerhalb von einem Monat fällig.

Gibt es jedoch Abweichungen, dann bleibt zu prüfen, ob diese Abweichungen gerechtfertigt sind. Grundsätzlich soll der Finanzbeamte den Steuerpflichtigen anhören, bevor zu dessen Ungunsten von der Erklärung abgewichen wird.[118] Spätestens im Bescheid

---

[118] § 91 Abs. 1 AO.

sind jedoch die Gründe für die Abweichungen zu erläutern. Sofern die Begründungen als nicht ausreichend angesehen werden oder eine andere Auffas-
sung vertreten wird, besteht die Möglichkeit Rechtsmittel einzulegen.

Dann sollte noch geprüft werden, ob etwaige Vermerke auf der ersten Seite des Steuerbescheides
stehen. Dies sind in der Regel – „Der Bescheid ist
nach § 165 Abs. 1 Satz 2 AO teilweise vorläufig". Dies
ist ein allgemeiner Vorläufigkeitsvermerk, der ord-
nungsgemäß ist und gegen den nichts unternommen
werden kann. Hierdurch ist ein Bescheid später jederzeit änderbar, wenn die Unklarheit beseitigt ist z.B.
sobald das Verfassungsgericht über die Rechtmäßig-
keit des Solidaritätszuschlags entschieden hat.

Steht dort allerdings, dass der Steuerbescheid auch
nach § 165 Abs. 1 Satz 1 AO teilweise vorläufig ist,
dann sollte unbedingt im Erläuterungstext geprüft
werden, weshalb ein gesonderter Vorläufigkeitsvermerk besteht. Dies ist dann z.B. üblich, wenn aus
einer Vermietung anfangs Verluste erzielt werden.
Hierdurch ist der Bescheid insoweit (also eingeschränkt auf den Bereich der Vorläufigkeit) jederzeit
änderbar (auch nach Ende der Verjährungsfrist von
normalerweise vier Jahren).

Außerdem kann es passieren, dass der Steuerbescheid nach § 164 Abs. 1 AO unter dem Vorbehalt der
Nachprüfung steht. Dann kann der Steuerbescheid
jederzeit (bis zum Ablauf der Verjährung) jederzeit

und vollumfänglich geändert werden. Dies ist in der Regel der Fall, wenn der Bearbeiter der Steuererklärung eine (Betriebs-)Prüfung für sinnvoll bzw. möglich hält.

Liegt einer dieser beiden letztgenannten Vermerke vor, kann dies entweder akzeptiert werden oder es können entsprechende Rechtsmittel eingelegt werden. Immerhin besteht, solange es diese Vermerke gibt keine Rechtssicherheit.

Es gibt zwei grundsätzliche Rechtsmittel, die möglich sind, um sich gegen einen (möglicherweise) fehlerhaften Steuerbescheid zu wehren. Zum einen gibt es den Antrag auf Änderung [119]und zum anderen den Einspruch.[120]

Beim Antrag auf Änderung soll nur ein bestimmter Sachverhalt überprüft werden und eine Überprüfung des Antrags bezieht sich i.d.R. lediglich auf den entsprechenden Antrag. Nach Ablauf der entsprechenden Fristen kann eine darüberhinausgehende Änderung nur noch vorgenommen werden, wenn eine andere Änderungsvorschrift greift. Die Fälligkeit von etwaigen nachzuzahlenden Steuern wird dadurch nicht gehemmt.

---

[119] § 172 Abs. 1 Satz 1 Nr. 2 Buchstabe a) AO.
[120] §§ 347ff AO.

Beim Einspruch wird der gesamte Steuerbescheid erneut überprüft und solange der Einspruch offen ist, kann der Bescheid in vollem Umfang geändert werden. Im Rahmen eines Einspruchsverfahrens kann die Aussetzung der Vollziehung [121]beantragt werden, was dazu führt, dass die strittigen Steuern nicht fällig werden. Sofern das Einspruchsverfahren zuungunsten ausgeht, kommt es jedoch zu einer Verzinsung der so ausgesetzten Steuern mit 0,5% pro Monat.[122]

Der Einspruch bietet also umfangreichere Möglichkeiten ist jedoch um Einzelfall nicht unbedingt erforderlich und da dieser zu einer vollständigen Überprüfung führt, kann es passieren, dass nicht immer das gewünschte Ergebnis herauskommt. Nach meiner Erfahrung sucht ein Einspruchsbearbeiter vorrangig auch nach Möglichkeiten einer Verbösung, d.h. es wird versucht weitere Kosten zu streichen, um zu einer Rücknahme des Einspruchs zu bewegen.[123]

Der Einspruch ist innerhalb eines Monats nach Bekanntgabe des Steuerbescheides erfolgen. Bekanntgegeben ist ein Steuerbescheid, sobald dieser in den Machtbereit der betreffenden Person gelangt (Briefkasten). Hier gilt eine Regelfiktion von drei Tagen nach Datum des Bescheides. Ein Steuerbescheid mit Datum vom 3. Februar 2020 gilt also am 6. Februar 2020 als Bekannt gegeben, d.h. ein Einspruch kann

---

[121] § 361 AO.
[122] § 237 AO i.V.m. § 238 AO.
[123] § 367 Abs. 2 Satz 2 AO.

bis zum 6. März 2020 eingelegt werden. Für Privatpersonen empfehle ich die Einspruchsfrist nicht auszureizen, sondern den Einkommensteuerbescheid zeitnah nach Zugang zu prüfen.

Gibt es große Abweichungen im Bescheid oder läuft das Einspruchsverfahren nicht wie erhofft, dann empfiehlt es sich spätestens ab diesem Zeitpunkt einen Steuerberater hinzuzuziehen. Ein guter Berater kann die Erfolgsaussichten sehr schnell treffend einschätzen und Ihnen helfen Ihr Recht zu erlangen.

Wird der Einspruch durch einen Verwaltungsakt zurückgewiesen, dann hilft nur noch die Klage vor dem Finanzgericht.

Nach er Lektüre dieses Buches sollten Sie in der Lage sein, zu wissen welche Kosten wie steuerlich berücksichtigt werden können. Bis zu einer Klage sollte es daher eigentlich gar nicht erst kommen. Besser ist es im Rahmen der Steuerveranlagung durch hilfreiche Arbeitspapiere und Erläuterungen dem Finanzamt es so einfach wie möglich zu machen, alle beantragten Aufwendungen wie erklärt zu berücksichtigen.

Und wer sich nicht die ganze Arbeit selbst machen will, das Optimum herausholen will oder sich einfach in einigen Punkten unsicher ist, der kann immer noch auf einen Steuerberater zurückgreifen.